姚宗鑑神父
與聖心訪談錄

目次

序言

生命落幕，精神永在

　　一位偉人的生平，有很多已為人知並被傳誦的美德，但背後還有更多尚待追尋的事跡，對於姚宗鑑蒙席當然也不例外。

　　過去對姚蒙席的行事為人只有模糊的印象，因為都不是直接接觸的第一手資料，都是經過傳媒的報導或是某人的敘述。真正認識是近十年的事，一方面同是輔仁大學的董事，另一方面因為有較多的機會見面，直接了解他所創辦的幼兒園、小學及中學的經營、辦學理念與精神，以及閱讀不同的文章、資料，更多一點認識姚蒙席的生命與生活。僅就以下幾方面記述：

一、堅定的信仰：他聽從福音的勸諭、追隨耶穌基督，選擇修道生活，立志當神父，一生謹守「神貧、服從與貞潔」三聖願，成為皇天司祭，善度司鐸生活與善盡司鐸職務，往普天下去宣傳福音，使萬民成為門徒，度過近七十年（1944年-2012年）的司鐸生涯。

二、事主忠誠：信守「永為司祭」的承諾，每天第一件事就是「與天主有約」，無論日課、彌撒、祈禱、默想與玫瑰經，數十年如一日，成為每天日用的精神食糧與生命的原動力。因此，虔誠事主與深度的靈修是維持司鐸生命與善盡牧者職務的「活泉」，誠如聖保祿所

說：「我賴加強我力量的那位，能應付一切。」（斐四13）

三、生活簡樸：注重養生保持健康，但生活抱持省吃儉用，不貪求口腹之樂。對來訪的司鐸弟兄、修女與朋友都很好客，絕不吝嗇；衣著不是司鐸裝就是長袍馬褂，而且珍惜衣物，一直用到不堪用為止。

四、時代的教育家：他是一位富有先知性的教育家。1953年來到臺灣就有先知之明，知道人民受教育的重要性，因此，1961年首先要開辦聖心幼兒園、其次在1965年興辦聖心小學，至今仍是基隆市唯一的私立小學；隨後陸續創辦聖心工商職業學校及進修學校，後來轉型為聖心高中並附設國中部。1970年曾經想購地申請成立技術學院，但未獲中華民國教育部核准而作罷。可見他當時的作為，凡是對的，為教會、為社會有益的事，就義無反顧，亦無怨無悔地去做。這些都是他獨具慧眼、排除眾議，執行先知性的任務並堅持到底所結的美果。

五、深富行政與領導能力：除了學識淵博、為人謙和、做事雄才大略、有魄力外，更有豐富的人生閱歷，而且也善於時間的管理與運用，找尋適任人才，充分授權分層負責，因此才能接受不同的職務。例如：堂區神父、中小學校長、耕莘醫院院長；催生輔大醫學院、醫學系以及附設醫院；有時還身兼數職，不但都能稱職而且成果斐

然，這也是因為他知人善用，大公無私，全然為教會、為社會、為事業的好處，因此很多人才願意為他效力。

六、辦教育不忘福傳：福傳牧靈工作是神父的終身職責，神父開辦學校的初衷就是要藉教育從事福傳工作，在校園散播「天主是愛…你們也要彼此相愛」的福音精神（若壹四8、11）。因此每週親自為教職員開辦四至五個慕道班，每班至少都有四至五人，尤其新進的老師都會被邀請參加慕道班，即便神父同時任職耕莘醫院（代理）院長期間，慕道班仍然不間斷，可見神父對福傳工作的熱忱與重視，也因此學校教職員因慕道而受洗的教友人數也逐年增加。

七、天主的忠僕：蒙席終身無私、無怨無悔的奉獻生活，即便有三次罹癌的事實，仍無所畏懼，抱持所謂：「春蠶到死絲方盡；蠟炬成灰淚始乾」大無畏的精神，從事職責所在不同階段的任務，除了功在自己辛苦所創辦的聖心中小學之外，還有耕莘醫院、輔仁大學醫學院、醫學系暨附設醫院。最後的心願就是：把聖心幼兒園、聖心中小學全數無償的移交給輔仁大學繼續經營。我們感佩姚蒙席一輩子無私、無我，為國家、為社會、為教會，將自己的生命、生活、財產，「給全、都給」的奉獻，堪稱為「天主的忠僕」當之無愧。

　　如今「哲人日已遠，典型在夙昔」他的功績雖然讓我們望塵莫及，但是他做人處事的精神應該常存我心，學而時習之。

天主教輔仁大學董事長　劉振忠

2018年4月3日

序言

Vivo jam non ego, vivit vero in me Christus

我活，已不是我活，而是基督在我身上活

　　這句話是對神父爺爺一生最好的註解。凡是聖心人，我們都稱呼他神父爺爺，那是我們最敬愛慈祥的長輩！謝謝聖心學校，讓我有幸，能在爺爺一生不平凡的事蹟中，仰望他。他老人家的事蹟，講述的人已太多。但是身為他所創辦學校的學生、老師、校長及因他而慕道進教的教友等多重身分，我有更多不一樣的感情，這篇書序，已是我修改的第三次。

　　我是聖心的校友，時光荏苒，當再回到聖心時，我已從「校友」成為「教師」。雖說對工作有著戰戰兢兢的心緒，卻對於這個環境充滿溫馨的回憶！我小學的老師依然任教，當那一聲「老師」喚出口時，熟悉感油然而生。我雖在高中職任教，卻是小學畢業的校友，那種聯繫斷也斷不了。當時，神父爺爺都會找當年新進的教師到他的辦公室加以勉勵一番，當知道我是校友又回來時，我看到他嘴角那抹安慰的笑容。我依稀記得，神父爺爺給我們講道理時，那對天主的感恩，對眾人的感謝。他自身用度甚儉，辦公室的那套沙發是別人用過之後送給神父的，神父總說：「很好，很好，感謝天主！」這時，我眼中的神父少了威嚴，卻越來越慈祥了。

　　日子一晃眼，我在聖心任教的歲月至今已有二十六個年頭，在這裡，所有人生的大事都在聖心完善了。然而，能更進一步學習神父爺爺的待人處事卻是接了行政工作之後，特別是又身兼董事會秘書一職，讓

我看見他是多麼的感恩、知足，並且一心奉獻給天主，做神的好兒女。他對於人的體貼是發自真心，他感念每一個幫助過他的人，不論對方的身分和地位，他都銘記在心；但是他對別人的好或幫助卻是轉身就忘，這也是至今許許多多的人都念著神父的好的原因吧！

　　有時想著，我該以什麼角度來向你們訴說這樣的一位長者？每次談到神父爺爺時，腦海中浮現的總是他和藹的笑容，如沐春風，是誰曾說他嚴厲呢？在我們心中，他從來就只是那位再親切不過的爺爺了。他的身影會在下午4點多時輕輕悄悄地經過聖心樓去到他的宿舍，又在近7點時回到他的辦公室。每當我拖著一身的疲憊，牽著小女兒的手走在長廊準備回家時，神父爺爺總會叫住我，再用江浙音的閩南話問：「呷飽沒？」又笑笑拍著我的手說：辛苦了！他就像一位心疼晚輩工作的長者，誰又能想像，神父最愛的嗜好是逛逛菜市場呢！

　　對於神父爺爺的事蹟，我只能用一句話來形容「平凡的人卻成就了不平凡的事！」因為過去的慕道，也因為接了行政的關係，常常聽神父說他的故事。他常說梅神父送他的大衣，那是他最珍惜的衣物。當他展示給我看時，還說：你看，我穿得真暖！我知道，他總是感念那些幫助過他的人。所以，我常常聽他唸著：施森道蒙席的接濟，梅冬祺神父的

贈衣，給了他在臺灣的開始；賀紹欽神父的管帳，丁仁江伯伯的總管，修女們的協助（大張姆姆、小張姆姆、舒姆姆、高姆姆等）還有當時全校的老師，讓聖心發展起來；與輔仁大學的結緣是當初于斌樞機主教的邀聘在輔大的執教，羅光校長還畫了駿馬圖予以期許；錢志純主教、醫學院院長朱秉欣神父、柏殿宏神父、賈彥文總主教、狄剛總主教、教廷駐華代辦裴納德蒙席、單國璽樞機主教及李震蒙席等大力支持，醫學院始能成立，讓他能完成救人天職的心願；當他生病時，耕莘醫院的鄧院長、陸院長、馬院長、林副院長、戴醫生、王主秘以及所有醫療團隊對他悉心的照顧，讓他能健康痊癒，繼續為天主服務；學校與輔仁大學的合併時，他感謝輔仁大學劉振忠總主教、林思伶前次長、黎建球校長，聖心學校陳明清董事，周繼文董事及兩校所有董事們的協助，促使輔仁大學及聖心中小學的合併，讓聖心有更美好的前景。他總是感謝眾人！

　　神父爺爺所做的事情，即使遠在國外的羅馬教廷也讚賞他對臺北總教區的福傳工作、醫療服務以及自幼教至高等教育事業的貢獻。因此特由教廷駐臺代辦於教廷大使館頒發獎狀勳章。受獎時，神父爺爺以流利的拉丁語致謝詞，最令人感動的是他引用了聖保祿使徒所說的：「Vivo jam non ego, vivit vero in me Christus.（我活，已不是我活，而是基督在

我身上活）」神父爺爺，一生榮主救人，一心奉獻犧牲，我們怎能不感佩？當時神父爺爺已94歲高齡，仍心心念念學校，關注校園一草一木，以及同學們的上課情形，只要是學校活動，神父爺爺都會參與。他堅定地說：他永遠是聖心的一份子。

　　神父爺爺亦曾榮獲國際名人錄封為亞洲五百大領導者之一，高瞻遠矚，著實令人敬佩。回顧神父爺爺擔任醫院院長期間，來回奔波於學校、醫院之間，奉獻一己心力，盡心盡力，因而積勞成疾，不得不暫且放下公務，先修養身體，但是他所做的一切，總是為了眾人之利，而非自己，這樣的長者，你很難不向他學習。然而，神父卻在2012年10月16日因身體不適，送醫就診治療。當時我們都以為爺爺休養幾日便可痊癒，卻忽略了他年事已高，病情已逐漸惡化，直至10月24日，因肺炎導致呼吸衰竭，下午7時43分於新店耕莘醫院蒙主恩召，安息在主的懷抱，榮歸天國。

　　為了延續神父爺爺的創校精神，並謹記他對教育的熱忱，我們特別將他生前的辦公室保留下來成立紀念館，現在又將神父爺爺的事跡編輯成冊，更讓神父爺爺的哲人風範長存我們心中，感謝天主！

輔大聖心高級中學前校長　魯和鳳謹誌　2018年4月10日

聖心影輯

壹、姚神父與神職人員

早年的姚神父

▌早年的姚神父

▊姚神父在輔仁大學任教時，撰寫上課講稿留影

▊姚神父晉升蒙席時留影

▊姚神父罹患癌症時身影

狄剛總主教與姚神父

左起：李震神父、呂漁亭神父、姚神父、賀紹欽神父

▋ 年輕時的錢志純神父
▋ 姚神父與黃金晟神父

▌姚神父與李玲玲修女（後排左一）、賀紹欽神父（後排左二）、梅冬祺神父
（後排左三）、狄剛總主教（前排右二）

民國53年首批到聖心服務的聖神會修女，左起：
彭志義修女、孫炳善修女、Sr.Humilis（省會長）、
張茂貞修女

沈恩愷修女（右一）

▋ 在聖心服務的蔣冰清修女

▋ 安治平修女（左二）

▌姚神父與張淑賢修女

▌左起：蔣冰清修女、雷華修女

▌賀紹欽神父與高婉德修女

▌呂薇修女

張寶華修女

余碧真修女

▌吳淑景修女　　　　　　　▌舒厚德修女

▌年竹蘭修女在萬聖節時帶著不同裝扮的學生向姚神父要糖果

①
②｜③

圖①▎姚神父與在聖心服務的神父修女們合影
圖②▎姚神父與修女們在校內的互動
圖③▎姚神父與孫志清神父、陳惠姬修女

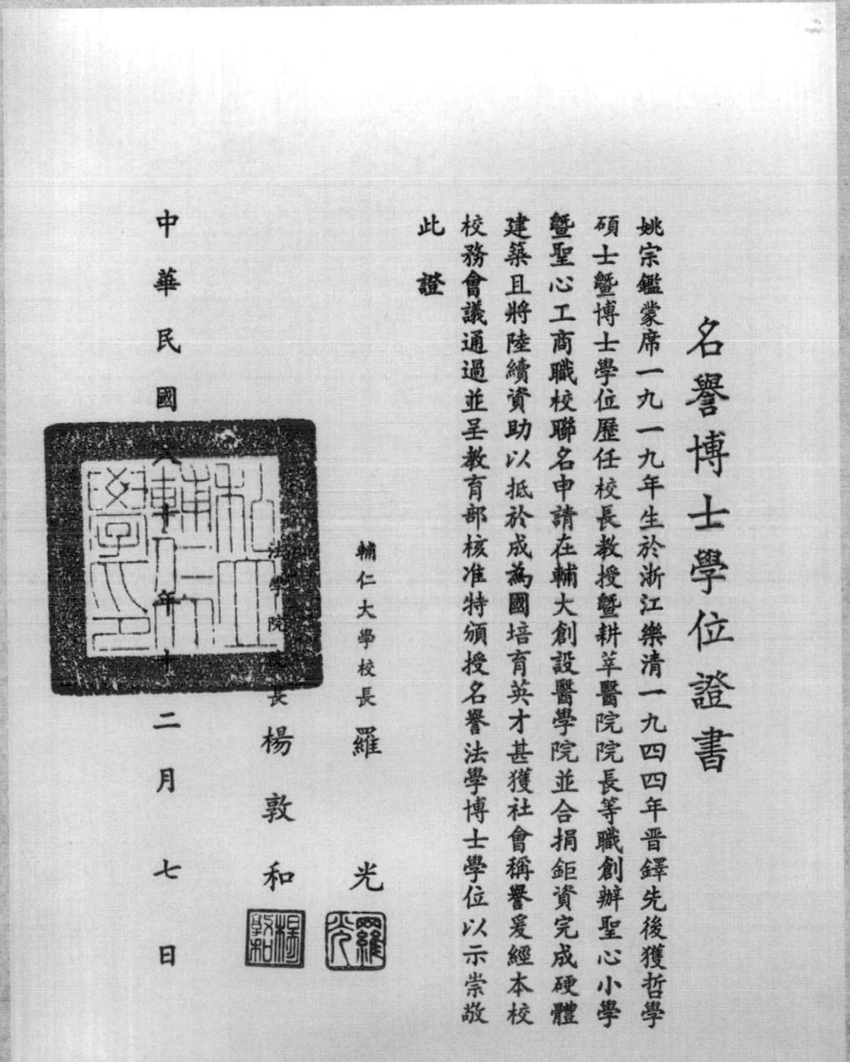

名譽博士學位證書

姚宗鑑蒙席一九一九年生於浙江樂清一九四四年晉鐸先後獲哲學
碩士暨博士學位歷任校長教授暨耕莘醫院院長等職創辦聖心小學
暨聖心工商職校聯名申請在輔大創設醫學院並合捐鉅資完成硬體
建築且將陸續資助以抵於成為國培育英才甚獲社會稱譽爰經本校
校務會議通過並呈教育部核准特頒授名譽法學博士學位以示崇敬

此證

輔仁大學校長　羅　光

院長　楊　敦和

中華民國　　　年　十　二　月　七　日

▌姚神父獲輔仁大學頒授名譽法學博士學位

貳、校園風貌

▌姚神父在雲源巷傳教時期的天主堂

▌在雲源巷時要開辦幼稚園之前，正在進行園址的整理

▋ 遷建聖堂時的情況　　　　　　▋ 新建的聖堂

早期聖堂及幼稚園外觀

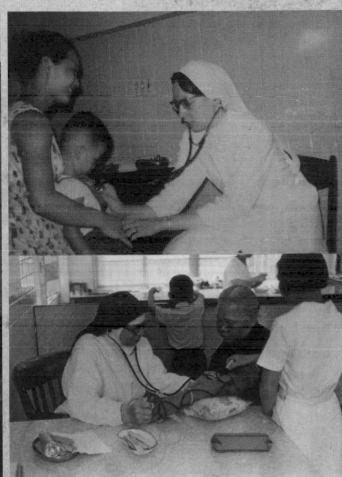

▍早期開辦的聖心診所外觀　　▍在診所協助醫療工作的修女正在為病患診療

■ 創校初期的新建校舍（今若瑟樓）

■ 校舍落成典禮

早期的聖心校園

機工大樓施工時的情況

修女院落成時的祝聖儀式

興建商科大樓時舉行破土典禮

▌站在尚未整建之山上校區的學生

▌山上校區操場舊貌

從學校對面的山上俯瞰聖心校園

民國76年,聖心行政綜合大樓破土典禮

姚神父站在未整地之前的校門右側土地，後為聖心行政綜合大樓用地

興建活動中心時，在地下挖出的四枚日治時期遺留的砲彈

①
②｜③

圖①▌興建中的活動中心與聖心樓
圖②▌聖心小學校門
圖③▌早期聖心幼稚園與小學的校門

①
②│③

圖①▌聖心工商大門
圖②▌改建後的聖心工商大門
圖③▌聖心中學大門前景

參、歷歷往事

▌幼稚園在雲源巷開辦之初，修女們帶著學生在戶外活動。左一為彭志義修女、
左三為張茂貞修女

▌身穿風衣的姚神父、蔣冰清修女與幼稚園的師生合影

▌幼稚園的戶外活動，右一為張茂貞修女。

▌幼稚園的表演活動

▍姚神父一起參與幼稚園學生的表演

▍蔣冰清修女在幼稚園與學生互動

▌聖心小學第一屆兩班畢業班在離校前，與姚神父、修女及老師們在校園內留影

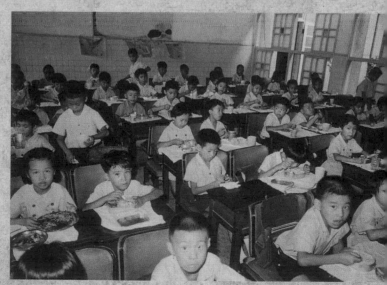

▌聖心小學學生用餐情況

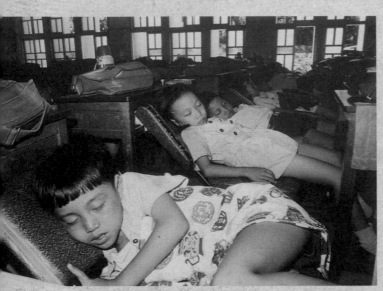

學生們的午休時間

聖心小學學生放學後搭乘校車回家

▌姚神父參加聖心幼稚園畢業典禮

▌聖心幼稚園的學生升旗典禮

賈彥文總主教來訪聖心並接受幼稚園與小學部學生的愛心捐款

姚神父對聖心學生精神講話

教廷駐華大使高理耀總主教來訪聖心

羅光總主教與蘇德良市長（左二）來訪聖心

羅光總主教來訪聖心，
並主持機工大樓破土典禮

羅光總主教來訪聖心

▌羅光總主教與基隆仕紳握手寒暄

▌羅光總主教至聖心堂,一旁柱子上寫著:「歡迎主教莅本堂,敬獻神花祈健康」標語

教廷駐華代辦裴納德蒙席來訪聖心

姚神父在畢業生的畢業紀念冊上簽名並留下勉勵之語

聖心教友老師聯誼會

聖心祈禱宗會

姚神父與學校老師至阿里山奮起湖避靜

姚神父與聖心老師至新竹納匝肋助修院避靜

聖心工商發起自強坦克大隊愛國捐獻

聖心工商發起自強飛彈及警察傷亡愛國捐獻

▌蔣中正總統逝世後，聖心發起追思紀念會

▌聖心師生合資在校園內興建蔣公銅像一座

▋基隆市國中、小教師電腦研習會結訓茶會

▋狄剛總主教、姚神父、黃金晟神父等出席學校舉辦的聖誕節聯合慶祝大會

▌萬金聖母蒞臨聖心

▌萬金聖母與聖心師生一同在基隆市區遊行

姚神父與聖心小學學生合影

姚神父與聖心高中學生合影

①
②

圖① ▌ 餐飲管理科的實習廚房
圖② ▌ 廣告設計科的攝影與剪接設備

圖①▎姚神父與電機科實習工廠自動控制設備合影
圖②▎電子資訊科學生在操作設備
圖③▎資料處理科的電腦教室

①
────
② │ ③

圖① ▌ 機械科的銑床實習
圖② ▌ 汽車科汽修廠實習
圖③ ▌ 商業經營科的學生實習銀行

姚神父親自為聖心學生解說天主的故事

放學時，學生在走廊上與姚神父道別

▋神父爺爺聲最多

導言

　　一部校史，經過編纂與流傳，足以讓過去校友追憶當年的歲月；足以讓現在師生凝聚進步的動力；足以讓未來學生嚮往融入的優越。每一所學校的歷史，都是整個國家教育發展史上獨一無二的一環，其學校歷史源流與脈絡，經由口述訪問、資料研究、書寫沿革的過程，都值得被記載保留以傳承於後世。也因如此，校史之編纂，方顯其存在的意義與精神。

　　原先溯自於大專院校校史編纂與口述訪談的風氣，近年來由於歷史人文教育的向下扎根與普及化，「書寫歷史」這件事情不再只是歷史專業領域的研究人員能夠進行之事。隨著理念的推廣或者學校特殊的紀念活動，如建校週年校慶、學校與地方的互動發展、校史發展進程的特殊人事物等因素，都是一種引發校史相關編纂活動的契機。而在許多中、小學校長與師生的共同努力之下，或許藉由歷史專業領域研究者的經驗分享，即能夠發起各種為自己學校留下歷史記錄的多元活動。

　　不過嚴格來說，一部成熟的校史，在編纂過程當中亦是有一定的撰寫規範，甚至在學校若無保存自身相關檔案資料的概念下，長久之後便很難再找出過往學校發展的各項資料，造成了編纂校史時的困難度。幸賴口述歷史這個還原與保存歷史的方法，在近數十年來由於各種階層領

域人物與群體的操作案例，積累了大量的實務經驗，亦逐漸形成了成熟的方法理論，得以廣泛地將這套實作方法應用在各種多元主題的訪談之上。口述歷史的應用，也大大彌補了在保留與編纂校史的過程中，檔案資料佚失的缺憾，使得口述歷史的進行成為了校史編纂過程中，一個十分重要的資料獲取來源。

　　天主教輔大聖心學校，自民國50年姚宗鑑神父向基隆市政府申請開辦聖心幼稚園；民國54年向基隆市政府申請設立聖心小學；民國58年向臺灣省政府教育廳申請設立聖心高級工商職業學校，至今已超過五十年。聖心學校這五十年的發展過程中，在創辦人姚宗鑑神父對於教育發展理念的擘畫，以及歷任校長、教師與神職人員的協助之下，聖心的教育體系從幼兒教育的幼兒園、初等教育的小學部到中等教育的國高中部、高職部及進修學校等各級教育皆已完備。經過多年的運作與實踐，著實為基隆地區的教育環境及人才養成帶來了不可磨滅的貢獻。

　　現任校長楊如晶女士到任後，認為天主教輔大聖心學校在姚宗鑑神父的多年經營之下，當初創辦學校之教育理念雖已有豐碩的成果展現，但在深入了解學校的治校歷程後，發現學校在這五十年的發展過程中，除姚宗鑑神父的領航者角色外，當年協助姚神父在校務發展過程中，尚

　　有一群默默為校貢獻的神職人員，扮演著協助姚神父的重要角色，學校在這群神職人員的力量注入之下，讓天主教輔大聖心學校造就了不同於其他學校的發展特色。這群神父與修女們在教育政策、年事已高以及所屬修會要求等多方因素之下，於十多年前亦陸續離開了聖心。楊校長在聽聞了這段往事後，認為這群神職人員雖然已不在學校，但本著飲水思源的感恩精神，應該要將這段榮耀聖心的往事記錄下來。一者，作為學校校史發展的流傳；二者，讓這群協助聖心發展的神職人員能夠再度感受到學校對於他們當年為校貢獻的重視；三者，讓當前在校的師生們能夠了解自己學校發展至今的歷史。於是，在楊校長的支持之下，委託國立政治大學歷史學系楊善堯博士進行策劃，並與學校師生共同合作，自民國103年年底開啟這項聖心校史口述訪談計畫。

　　整個口述訪談計畫，前期先經由學校方面與當年在聖心服務的神父及修女們聯繫並大致了解情況後，除部分外籍神職人員已經返國或蒙主恩召外，其餘可聯繫上的神父與修女們在聽聞學校的這項訪談計畫後，皆表示非常樂意受訪，一起談談當年與姚神父共事的經歷。經規劃後，由楊如晶校長與楊善堯博士作為訪問人，針對每位受訪者進行訪問工作，訪問記錄的工作則由當時在校擔任宗輔教師的宋欣恬老師（現已

離職）、莊尉伶老師、劉潔琪老師（現已退休）、劉青蘋老師（現已退休）等人擔任，並由宋老師指導多位聖心的同學在每次訪問後協助後續文稿的逐字聽打與整理作業，最後書稿的校對工作則由莊尉伶老師、張秀玫老師、魯和鳳老師、龐中柱老師等協助進行。

　　訪問部分，此次訪談計畫自民國103年年底至104年年中約半年的時間，共訪問了十六位當年在聖心服務的神職與行政人員以及幾位與姚神父相關的友人，如狄剛總主教、施宜材校長、賀紹欽神父、梅冬祺神父、黃金晟神父、張淑賢修女、任若芙修女、陳惠姬修女、雷華修女、呂薇修女、年竹蘭修女、張素治修女、李玲玲修女、陸幼琴修女、戴愛仁修女、王秉英女士等，訪問地點則走訪了基隆、臺北、新北、新竹、臺南等縣市進行訪問。訪談後經整理口述記錄以及反覆與受訪者討論，並經受訪者的授權同意之下，最後在本書中共收錄了十四位受訪者談論當年與姚神父在不同階段的共事經歷，主要以在聖心的過程為主，但同時亦談及了部分姚神父當年擔任耕莘醫院院長的過程以及發起輔大醫學院創辦的經過。而從訪談計畫開始至本書出版的過程中，賀紹欽神父與張淑賢修女在接受訪談後不久即蒙主恩召，未能見到本書的出版，殊為可惜。但所幸能在他們生前有機會訪問到他們並將內容收錄於本書之

中，亦屬難能可貴。

　　《姚宗鑑神父與聖心訪談錄》的出版，其計畫源自於一個「從無到有」的校史保存過程。從想要了解學校發展歷程而開始翻找校內過去的資料，發現碩果僅存的一些檔案資料不足以還原學校歷史後，進而開啟了以口述訪問留存史實的計畫。而其中在歷史專業領域研究人員與學校師生共同合作的進行過程中，以歷史專業對於口述歷史資料採集與整理的嚴謹規範來進行，亦可讓學生藉由校史資料的採集過程中，協助學生更加多元的參與，體驗到人文社會科學專業領域的應用與實踐，以增進這方面知識的推廣與認識。期望以此為開端，在未來能夠從師生共同持續參與校史保存的過程中，一方面理解學校歷史與發揚學校精神，並且進一步創造出屬於學校自己的人文發展特色。

　　最後，《姚宗鑑神父與聖心訪談錄》一書的出版，要感謝每位受訪者以及過程中所有共同參與的師生，亦要特別感謝狄剛總主教在整個計畫過程當中的支持與協助，讓此書方能順利面世。希望此書的出版，藉由這些當年親身與姚神父共事者的口述回憶，在閱讀這些故事後，能讓更多人了解到當年姚宗鑑神父到了臺灣之後，在這塊土地上對於傳教事業以及教育工作的貢獻與付出。

狄剛總主教
訪談錄

訪問：楊善堯

記錄：宋欣恬

時間：2015年1月7日16:00-17:30

地點：天主教輔大聖心高級中學

狄剛總主教
訪談錄

一、初識姚公

　　姚宗鑑神父是我來到臺灣以後，第一個跟他結緣及成為至友的人。

　　民國54年8月中我到臺灣之後隨即奉命去新莊修道院當院長，我還記得，時間差不多是在11月左右。有一天姚公來了修道院，說是要找我，當時我跟他還不認識。不過我當然很高興，能夠新認識一位神父。因為我剛來臺灣後馬上就進入修道院，開學了我就跟院內的孩子一起生活，為他們工作，與外界沒有什麼太多的接觸，也很少參加教區的活動。所以聽到有神父來修道院找我，當時我不知道是怎麼一回事。

　　與姚公一見面，他就跟我說：「聽說你是從德國留學回來的，也在德國生活了很長的一段時間。我現在在基隆有一間本堂，也有一間幼稚園，有三、四位德國籍的聖神婢女會修女跟我一起在那工作，修女們每週末都會辦和好聖事（註1）。雖然她們中文說的都還不錯，但假如她們是用自己的本國語言，不知道狄神父你能不能每星期都來我這，聽一聽她們的告解，實行和好聖事。」聽完姚公的話，我心想：「我們二個人根本不認識，他只知道我剛從德國來，而且在一個有六十多個學生的修道院中工作。居然就這麼有膽量的邀請我，他不怕人家會覺得尷尬嗎？」

　　所以我自己就在想，假使我是姚公，我會不會這樣做？我想我不會，因為沒有這樣的勇氣。但是當時我有感覺，姚公之所以能夠如此，應該是完全出自於愛護跟他合作的人，希望能多照顧他們，所以他不怕。從這個時候開始，我就認定姚公是我今後要認識的一位神父弟兄，果然後來我們成了很好的朋友。之後民國64到74年我離開臺北到嘉義教區擔任主教十年，我們的友誼沒有因為距離關係而間斷，交情反而更加地深厚。

　　民國54年姚公創辦了聖心小學，當時聖心小學的第一任校長朱翰元先生，因為考取了公立學校的校長就離開了聖心。本來姚公想找他的一位同鄉神父，就是後來當了主教的錢志純神父來繼任校長，但教育主管機關認為錢神父沒有擔任小學校長的資格，所以不能擔當此一職務。姚公一時找不到合適的人選，這時候想到我是留學德國的，在德國取得教育學文憑，他就來找我了。先讓我代理聖心小學的校長，後報請基隆市教育局核准後，由我正式出任聖心小學校長。

　　那時候我已經是臺北教區的副主教，姚公來找我的時候跟我說：「狄神父，你不必擔心，我會代替你做學校的一切工作，你原本的工作還是照舊，只要名字借我就好。」我後來才懂得，這就像是有些醫生把

牌照借給別人一樣。我一次都沒有來過這個學校，當時姚公就是對外說，我因病不能視事，所以他才來代替我。後來我知道這件事情後，就開玩笑地跟他說：「你是詛咒我生病啊！」

所以我們倆的友誼，雖然後來有十年的時間我在嘉義，沒有跟他有太多的往來，但我們就是君子之交淡如水，不是酒肉朋友，也沒有利害關係。我很尊重他，也很欣賞他，從第一次的會面就讓我認識到這位神父是一位非常好的天主教神父，我應該跟他學習。所以當我民國74年秋天從嘉義教區調升臺北教區任助理總主教後，姚公就馬上邀請我，希望我每星期可以找一天來基隆，多跟教區的神父們，利用每週一天的公休時間進行交流，也在學校內的神父宿舍給我準備了一間小房間。當時只要我人在國內的話，每個星期都會來。而我住的那間小套房，到現在也住了將近三十年了。就這樣，我與姚公再度重續前緣，情誼更加堅深。而當時姚公也已由賈彥文總主教任命為臺北教區副主教，專門負責教區的財務發展工作，因此，我從姚公身上受益的機會自然更多了，相聚時間也較之前更加地緊密。

二、創辦聖心的歷程

　　當年郭若石總主教，為什麼要姚公到基隆市安樂區這個地方開教，因為當時這裡幾乎沒有教友，而後來教區也給姚公在雲源巷這個地方租一間小房子，作為傳教之用。這間房子是一棟小樓，二樓作為日常起居之用，一樓則用於接待客人。

　　當時在教堂裡有一位山東籍老兵丁仁江先生，姚公請丁先生幫忙處理傳教事務或是教堂的日常事情。當姚公外出傳教時，丁先生就是待在房子裡。後來輔大美術系有一位教授還幫丁先生做了一個塑像，就放在學校內的走廊上，我們當時都稱呼他叫「老丁」。老丁離開軍隊後，姚公就訓練他，讓他幫忙蓋房子監工、做一些庶務工作等，老丁也就默默的做，從不講什麼。當時老丁也不是教友，而且常常因為學校缺錢，沒辦法給他薪水，等於是做白工，反正當時只要有得吃就好了。後來我任臺北教區總主教後，為丁先生申請到教廷爵士的榮譽頭銜，也是為丁先生多年來為學校以及天主教的付出給予肯定。

　　姚公在基隆傳教一段時間後，也一邊在思考要如何在這個地方更有效的進行福傳工作，心想，不如來辦學校好了，於是姚公先辦了幼稚

園。當時政府還沒有後來的財團法人這種規定，學校只要是你個人經營就是你自己的，只要向政府納稅就好。當時基隆地區的幼稚園很少，而且又是一個比較貧窮的地方，但有些父母還是要外出工作，這時他們只好將孩子送到幼稚園來。至於如何選擇學校，則是只要看到有外國修女在的幼稚園，他們就相信這個幼稚園一定會辦得很好，所以沒多久，幼稚園的部分就很快發展起來。當時姚公把從幼稚園賺到的錢，用在買地上，希望能陸續擴充學校的用地，另一方面，也是為了繼續辦其他層級的學校作打算。就這樣，姚公就一步一步發展起來。

　　那時候姚公辦學時，原本要請他一位中國大陸浙江籍的同鄉神父來當校長，也就是錢志純神父，要他辦一個女子中學，因為原來都是以男孩子為主，想說來辦一個女子高中，但因為那時候正好面臨到政府即將開辦九年國民義務教育，規定不能辦國中，所以這所女子中學也就沒有辦成。後來姚公又改變策略，要改辦工商。姚公這個人真是很有遠見，他認為那時的臺灣最需要的是中等學歷的人才，一個國家不能光只靠上面的高級知識份子，中間階層也該要有人，所以他就辦了聖心工商。

　　錢志純神父過去在新竹主教座堂工作時，在那邊同一條路上有聖神會的修院，聖神會的修女們常去主教座堂望彌撒，錢主教因此就認識

她們了。後來姚公要創辦聖心時，詢問錢主教是否有合適的人選可以幫忙，錢主教就想到這些聖神會的修女們，於是就轉介紹聖神會的修女給姚公認識。一開始，這些來聖心幫忙的修女們待遇都不怎麼理想，一直要等到後來這間學校逐漸辦起來之後，才慢慢改善了這些修女們在聖心的待遇。

至於在校地的部分，現在聖心有部分的校地原先是屬於軍方用地，但是當時已經廢棄不用，姚公很想將這塊地買下，這樣一來可以擴大校園，二來也讓校地能夠比較完整，這塊地的所在位置就是現在的聖心樓到校門口。當時姚公透過關係，找到了陸軍軍方，得知當時的陸軍總司令蔣仲苓也是一位教友，於是前往拜訪蔣仲苓總司令向他說明情況後，並希望軍方能將這塊地賣給學校作為校務發展之用。最後在不違反相關法令的情況下，最後姚公向軍方購得了這塊土地，也很感謝蔣仲苓總司令當時的幫忙。

姚公透過德國籍修女的關係，向當時德國的教會取得很大的幫助，尤其是在機械設備方面。當時在機械方面，像電子科、汽修科這類職業類科的實習機器，都是從德國方面取得的，品質都相當的好。那時候我有來找他時，姚公常會跟我談起，當時淡江學院有電機科、有機械科，

但沒什麼好的設備，來我們聖心看，該有的都有，品質也相當不錯。當時捐這批機器給聖心的德國援助機構非常認真，還特別派一個人來常駐聖心，教導學校的師生如何操作跟保養這些機器，也就是易幕道（Mr. Jmohl）修士，他待了很多年的時間，所以讓這所學校當時在電機、機械這方面科別辦得相當成功。等到工商辦學步入軌道後，姚公才有興辦普通高中的念頭，最後才創辦了國中部。

　　當年政府不讓私人辦國中的原因，是因為九年義務教育實施後，規劃要把所有的私立中學變成代用國中。當時徐匯中學的校長，也就是已故的單國璽樞機主教，認為這是不對的，政府不能夠強迫把私立中學變成代用國中，改拿政府的錢，以後完全按照政府的意向辦學。於是他從省教育廳、教育部以及立法院層層的去反應跟爭取，結果最後被他爭取到了。就是我們天主教創辦以及其他所有私立學校都被保留了下來，當時這些私校都很感謝單樞機主教。原先我們也不知道原因，後來是單樞機主教晚年在自己的書中才提到這件事，過去他是不講的。甚至連當時我們教學所需的機器或是耗材，從國外進口時，都要繳納高額的稅金，這點單樞機主教也覺得不合理，因為我們辦學不是以營利為目的，本來經營學校就不是一件容易的事，再向我們收取這些高額稅金實在說不過

去，這些情況單樞機主教也去向政府反應跟爭取，最後也都順利地爭取
到免稅的優惠。

　　那我們這位姚神父呢，多多少少也有點像單樞機主教的個性。我覺
得這些會做事情的人，他們一方面有遠見，而且會想到政府在做什麼？
有什麼法律？有什麼規定？他們都在思考，但不是鑽漏洞的思考，而是
用正面的心態去想情況是否合理，所以這兩位人物我都非常地欽佩他
們。用點年輕人的話語來講，我就是他們的粉絲。他們的毅力、遠見、
膽識等特質，都是我做不到。現在聖心高中的校地上方，還有一塊約
五千公頃的土地，原先姚公本來想把這塊土地買下來，想要再辦一所大
學，形成一所從幼稚園、國小、國中、高中職、大專一整個完整教育體
系都有的學校，但後來因為時代的發展因素，一方面臺灣的少子化情形
太嚴重，另一方面，教育政策的規劃不當，讓臺灣這塊土地上出現了過
多的大專院校，所以後來姚公想創辦大專院校的想法也就放棄了。

　　再來談談當時我所看到的聖心情況，那時候學校的絕大部分老師
都不是信仰天主教的教友，話雖如此，姚公並不在意，他認為就用自己
的辦學理想以及宗教理念，來漸漸的讓這些老師們認識天主教，並且全
心全意的照顧老師們，才能得到他們的信任及合作。那時候，姚公一年

當中，總是會在學校辦個幾次有關宗教性質的活動，例如彌撒聖祭（註2）是當時一個主要的節目。老實而言，我個人並不是十分贊成舉辦這樣的活動，因為這是在學校，不是在教堂之中。絕大多數在學校的師生都不是教友，彌撒不光只是一種儀式節目，背後的意義在大多數人都不明白的情況之下，我覺得這樣是沒有意義的。雖然學校學生也都會很乖的跟著唸經唱詩歌，場面也相當莊嚴，可是對於宗教本身而言，不會有太大的效果。不過我倒是認為，姚公能夠讓這些孩子們乖乖跟著唱歌舉行禮儀，就已經是件很了不得的事。

　　還有一件事情我要特別提起，有一次姚公發不出學校老師的薪水，要等到學校開學的時候才有學費的收入。結果姚公去找了他的一位同鄉，那人也是教會的人，先前在大學教書有些儲蓄，姚公就希望他能幫幫忙。原本他答應幫忙，但過了兩個星期後，又跟姚公說沒有辦法，因為他的存款是定存。但是在這件事情上，我有觀察過姚公，事後他對於這個同鄉一樣友好，好像完全沒有發生過這件事一樣。從這件事情也可以看出，姚公是一位寬宏大量的人。

三、對於天主教在臺工作的一點看法

目前天主教在臺灣大約創辦了將近五十所的中等學校，其中有一部分是修會辦的，這些由修會辦的學校，很容易的能將其修會的理念融入到學校教育當中。而辦學也不光是為了讓學生畢業後能有工作有飯吃就好，要特別注重學生的人格教育發展。像是耶穌會、聖心會等修會，在其他國家都有很豐富的辦學經驗，所以這些修會在臺灣辦的學校可以說都很成功。更重要的是，藉由辦學校的方式，可以有更多接觸學校老師或是學生的機會，達到更多傳遞福音的效果。而姚公呢，當時他就是一個人，再請幾位修女，當時來幫忙姚公的幾位修女也沒有辦學的經驗，但是就是這樣把聖心給辦起來了。在聖心的教育發展規劃上，除了一般學科教育外，姚公也跟其他辦學很有經驗的修會一樣，特別注重學生的人格教育。

民國38年，我們天主教的聖職人員來到臺灣後，依照傳教的具體方式，大概可以分為三種類型。第一種是辦教育、第二種是社會服務、第三種是大眾傳播。在社會服務方面，不光是醫療，主要是那些在社會上比較弱勢的殘障人士，那時候幾乎臺灣所有的這類型工作都是從天主教

開始發展起的。我們神父從教育這些殘障人士的家人開始做起，例如小兒麻痺、癡呆症、弱智等，那些不敢讓別人知道家中有這樣類型病人的家庭，神父就去教育他們，要讓他們生病的家人出來接受治療。也因為如此，甚至當時還影響了師範大學創立了特殊教育系，在這之前的臺灣根本沒有這些觀念。在我多年所接觸的經驗中，目前在臺灣的這類社會服務工作，有百分之七十五左右的比例都是天主教的相關機構在執行。

在大眾傳播方面，天主教創辦的光啟社培育了臺灣第一批的廣播、電視人才。我們從話劇、廣播劇開始做起，漸漸發展到了電視，但後來因為大量且多元的電視節目出現，光啟社製作的節目就漸漸地沒人要看了。現在天主教在臺灣沒有一個專屬的電視台，這方面我覺得可能是過於謹慎的關係，不敢放膽去做。

前幾年我有個朋友問我看不看電視，我說不看，因為現在的電視沒什麼好的節目，我這位朋友跟我介紹了基督教的GOOD TV電視台，現在這個電視頻道辦得非常好。我觀察，基督教現在非常開放，我想這也是他們對於正宗的基督教，不是那種幾個人弄的小小教會，這十幾二十個正宗的基督教會都有相當的發展能量，大家一起研究，知己知彼，然後一起尋找神給我們的合一之道。我們不知道上主願意用什麼方式讓我

們大家都合一，基督教有很多看法也是與天主教相同的。或許過去臺灣社會有很多把基督宗教看成是魔鬼的、是反基督的人，現在也都不一樣了。所以他們這樣藉由大眾傳播的方式來傳遞福音，也是一種效果相當良好的方式。

　　當年天主教在臺灣第一次舉辦福傳大會的時候，主教團要我寫一篇文章，主題是我們來臺灣這麼多年，從中共解放中國大陸以後我們做了什麼？我認為，我們一直是三條路子：教育、社會服務、大眾傳播。那現在臺灣社會越來越有錢，越來越富裕，過去很多好的學校都是天主教創辦的，現在政府辦的公立學校到處都建的很好，於是現在的問題就跟當年不一樣。如今回頭來看，當年姚公所做的事情，就是走在這三條道路上的其中一條。

四、姚公受聘耕莘醫院院長

　　耕莘醫院第三任院長袁君秀神父當時因為生了重病，無法處理院務，一開始賈彥文總主教先指定院牧李漢儀神父代行院務，但無任何實際名義。

　　我當時以臺北總教區助理總主教的身分，建議賈公任命姚公為代理

院長，全權處理院務。民國74年10月22日，姚公開始代理院長一職，隔年袁神父逝世後，4月正式接掌耕莘醫院，直至民國79年1月1日方卸下院長一職。

五、姚公過世遺囑

姚公過世的時候，我有幸能送這位多年的知交好友最後一程。當時在耕莘醫院的病房裡面，他的幾位親人，包括哥哥以及姪子輩都有來。那天下午，戴愛仁修女在病房為他唸經祈禱，在場的每個人也都輪流跟姚公道別，我是最後一個跟姚公道別的人。我跟他說：「神父啊，你安心走吧。你是天主聖母的好兒子，我們不久之後會再相見的。」當時醫生曾跟我們說，雖然病人好像沒有意識，但事實上他們的聽覺是最靈敏的，相信他會聽到我們跟他說的最後臨別之言。以前我們倆在談話時，常常會為對方祈禱。姚公比我大十歲，也曾說不管誰先誰後，總有一天，會說再見的。

過世前，姚公要我成為他的遺囑執行人。為此，我加入了聖心學校新的董事會，後來也把聖心高中送給了輔仁大學。我們獻身天主、獻身教會，一心一意完全奉獻自己給教會，沒有一絲一毫的私心。所以我

在處理他的遺產時，發現其實他幾乎沒有留下什麼財產，只有一點點的金錢給他的哥哥跟一些姪子、姪女而已。他家人的生活現在也都過得很好，根本不需要他的幫忙。除了這些之外，有關他身後喪葬費以及相關的開銷，也都是用他自己的錢來支付。他曾說過，他不要讓教區為他出這筆錢，因為一直以來他從沒有向教區要求財務方面的支援，完全獨立經營聖心這所學校，所以在身後事的部分也就都自己處理。

六、回顧姚公的一生

　　姚公是一個「天主之人」（The man of God），他完全把自己身為神父的一生交給了天主，他所做的事情都是為了天主。以前他不管有錢或沒錢，常常都是一句「天主照顧」的老話掛在嘴邊。

　　以前他曾經跑到基隆的街上找一個有錢的生意人，當時這位生意人好像是基隆最有錢的商人，姚公找他要跟他借錢，為了是要發薪水給學校的教職員。想想，人家跟你也不認識，就跑去找人家借錢。不過這個生意人，我想他是看到姚神父是一位真誠的人，為人誠懇，也知道學校等到學期開始的時候學費就會進來，到時候一定會還給他，所以才敢把錢借給姚公。但如果是我的話，我就不敢去。所以他在我的眼中是一位

天主之人，他信天主，真正成為天主的人，做天主要他做的事，一切都是為了天主而不為自己。

　　我覺得身為神父有三件事情要遵守，首先是「潔身自好」。我們獨身就是為了潔身，任何人都不能夠在這方面有任何一點的瑕疵。當然也不可否認的是我們之中也有極少數的害群之馬，但那是極少數的例外，而姚公的一生絕對是清清白白的。其次是「貞潔」，這點姚公也沒問題。最後是「神貧」（註3），姚公穿的衣服不是很講究，很多都是撿別人的舊衣服來穿，很少買新的。他唯一比較講究的就是吃飯這件事，講究養生之道。他很年輕時，人家送給他一些養生的食品，例如雞精，有人送時他就吃，但後來就養成每天吃一小罐，所以能夠活到九十四歲也是不容易的，何況他的身體還曾經有三種癌症持續地折磨他。

　　這樣一位跟我這麼親近的老朋友，姚公什麼話都可以跟我講，但在公開的場合上，他依舊有長幼尊卑的觀念。例如我們倆一起出去時，因為我是主教的關係，他就會讓我走在前面。日常生活也是如此，像平常我們要一起從宿舍走出去的時候，走到門口時他就會退一步，伸手表示讓我先走。我曾對他說：「姚公你怎麼還這麼迂腐呢！這有什麼關係。」我沒有遇到一個人像他這樣子，所以我就指正他。但他卻回我這

不是迂腐，而是用信仰的角度來對待我，不是因為我跟他的交情比較好，而是我是一位天主教的主教，所以對我尊敬。

　　人生在世能有「三立」者（立言、立功、立德），非「絕無」，但「少有」，而姚公應居後者。能成就此「三立」而全「歸榮天主」仍毫不自滿者，我認為姚公是當之無愧的。我有幸能遇見姚公而與之結緣，實為上天給我之「不可思議」與「無言可喻」的殊恩，人生在世，有此一友，夫復何言！

註1：和好聖事，天主教七件聖事之一，是天主教信友透過這一「聖事」能得到
　　　所有罪過的赦免，重新與上主修好的一種措施。
註2：彌撒聖祭，天主教七件聖事之一，是對天主的「祭祀」，也是上主在人間
　　　由基督設置的「聖宴」。
註3：神貧（Poverty in Spirit），是教會專用名詞，其字詞源自拉丁文，意義或
　　　可用「甘貧樂道」四字來解釋，或可認知為像耶穌那樣的人格品質。

施宜材先生
訪談錄

訪問：楊善堯

記錄：宋欣恬

時間：2015年1月22日10:00-12:00

地點：天主教輔大聖心高級中學

施宜材校長
訪談錄

一、進入聖心服務

我在民國64年退伍後，從桃園來到基隆的學校面試。那時候姚神父人在國外進修讀博士，並不在學校，我是透過一個同事的介紹才過來聖心，一開始跟姚神父完全不認識。進入聖心後，我是從許崇志神父那裡收到工作聘書，那時候學校工作是許神父在代理，差不多等到一個學期之後，姚神父才從國外回到聖心。

我從民國64年8月進入聖心服務，一直到退休為止，總共在學校任職了二十八年，最後是因為身體變差加上體力不行了只好退休。但退休後又在幼稚園跟社區大學幫忙了五年，之後姚神父還聘我當學校的董事，整個算起來跟姚神父共事的時間將近四十年，到姚神父過世時都是一直陪在他身邊。

二、學校創辦的緣起與經過

姚神父曾跟我說過，他從中國大陸的大陳島撤退後，逃難到臺北來，來的時候就是獨自一人，什麼都沒有。當時來接他的梅冬祺神父看到姚神父衣衫單薄，就把自己穿在身上的大衣脫下來給他穿，所以姚神

父一直很感念梅神父，說梅神父是他的恩人。

　　姚神父後來從臺北教區到基隆來，最初是在西定市場旁邊的雲源巷租房子進行傳教。當時有位丁仁江先生，他是山東日照人，我們都稱呼他丁爺爺，自那時起便跟隨著神父傳教。神父自民國45年開始在基隆安樂區傳教，隨著教友越來越多，透過教友的樂捐，便在西定路這裡買地設立聖堂，當時教友們有錢出錢、有力出力，大家都來監工。聖堂蓋好後，姚神父就住在聖堂後面的兩棟房子裡，並請修女們來幫忙。另外還在聖堂靠走廊邊設立了一間診所，聘請一位學護理的修女，又請了一位從衛生所退休的醫師來駐診，但因為薪水不高醫師做沒多久後也就離開，後來又請了一位修女醫師前來駐診。就這樣，一方面傳教一方面看診，另一方面又開辦幼稚園。

　　我聽姚神父說，他在中國大陸時已經是神父，也做過小學代理校長，透過教育進行傳教的事業在中國大陸時已有接觸，所以來到臺灣也希望教育與傳播福音的事業能相輔相成。後來從中國大陸到臺灣來辦教育的人越來越多，我們學校也是從幼稚園起家，姚神父說他辦幼稚園省吃儉用的錢，就拿來辦小學，小學和幼稚園有錢，再辦工商。姚神父除了腦筋很好外，就是省吃儉用，另外是很有冒險的精神，假如一項工程

總計需要五千萬元，只要有兩千萬元他就會開始動工了，不會等到湊齊五千萬再來蓋。因為等到隔段時間湊齊款項後，物價會上漲又不夠錢了，所以有了兩千萬就先動工，蓋沒有錢就停下來，每學期都是東省西省再湊個幾百萬才繼續施工，學校的幾棟大樓就是這樣建起來的。

　　當時學校興建樓房都是在基隆請一位簡建築師設計，新店耕莘醫院當時的新大樓也是請他設計的。他是姚神父的老朋友，為了節省建築費用，便按照姚神父的意思用最簡單的方式去設計。但有趣的是，等到大樓啟用的時候才發現，幾乎每一棟大樓都沒有廁所。像是山上的敬天樓，廁所都在最右邊，以前沒有廁所時，樓梯轉彎的儲藏室就先當廁所使用。姚神父在蓋房子之前有講過，基隆都是山坡地，蓋房子不能挖土，擔心挖土造成坡度改變，一下大雨會造成土石流，房子就會塌掉。所以他蓋房子都是往下打地基，儘量不去挖地下室。原本設計孝親樓下面那一層作為防空洞，蓋好以後發現沒有廁所，就先在上坡旁邊臨時蓋間屋子當作廁所，現在已經拆掉。

　　為了節省經費，神父跟丁主任兩個人還曾跑到高雄的拆船廠，去買拆下來的船艙鐵門回來。以前學校裡面有些廁所、教室的門非常狹窄，只能讓一個人通過，就是用從拆船廠拆下來的鐵門做的，當時用好幾輛

車運回來，那時一塊鐵門好像才只要一兩百元而已。蓋大樓的建築材料是他自己去鶯歌買的，鋼筋水泥也都是直接到大批發商那邊去買。姚神父蓋房子都是工程包給別人，請丁主任監工，或他自己監工，也因此我們的房子一定不會偷工減料，因為都是神父親自挑選的材料，一定實在。

聖心工商成立後，神父請來學校幫忙的德國籍修女寫信到德國的修會請求援助。因為當時學校的房舍只有最早蓋的教堂一棟，小學是第二棟，再來是若瑟樓，學校的實習工廠就設在若瑟樓的六樓，每次當機工實習課上課開啟設備後，整棟大樓都會震動，會影響到其他樓層的教室。只好在山上再蓋一棟建築，將實習機工廠搬到山上去。當初在蓋之前，這片山地上還有許多無主墳墓，沒人敢動工，姚神父只好自己與丁主任一起下去挖墳墓，撿了五、六個古甕，將他們遷移到小學大門後面的樹下，才蓋了機工廠。

先前向德國募款一事，得到德國方面的回覆是，買地蓋房子應該向政府申請補助，因此後來姚神父是否有向政府申請補助或補助多少這我就不清楚了。不過卻收到了一批德國修會寄來援助的精良設備，有兩臺好大的車床，聽說這些車床還可以車砲彈的管子，可是我們的技術還用不到。這些德國援助的車床比我們自己在外面買的車床好，我們買的

車床又小又貴，一臺便要二、三十萬，當時只能先買個五臺以後再慢慢添購。

　　活動中心那塊地以前是陸軍營房，以前陸軍軍方在光復後所接收的這塊地方已經算是基隆的郊區了，聽說以前那裡是刑場，後來才變成軍隊營房。很多基隆的建商都想利用關係買這塊地，但是軍方一直不同意，直到民國72年左右，姚神父透過教會的人脈，認識了當時的陸軍總司令蔣仲苓將軍。姚神父還去蔣總司令家裡拜訪，並請他來看看這塊地，告訴他這塊地這麼大，如果能賣給學校一定對學校會有很大的幫助，但如果是賣給外面的人，他們會當成一般建築用地蓋起民宅來出售，因此想請託軍方將這塊地賣給聖心，作為學校發展之用。當時蔣仲苓總司令也找了四、五位將軍一起來看這塊地，告訴他們：「這塊地荒廢在這裡，也沒有部隊、住宅，若是賣給學校發展對他們幫助很大，才不會被外界認為軍方圖利他人。」後來這塊地確切用了多少錢向軍方買下我記不太清楚了，印象中姚神父好像曾跟我說用了一億元買下。據說當時姚神父買了這塊地以後，馬上就有人要開價兩億向他買這塊地。神父當時便是看中這塊地靠馬路邊，位置好，當時整個西定路校門這一段已經佔了三分之二，校門到教堂那邊地不大，無法延伸發展，所以姚神

父便從比較便宜的部分先買下，這塊較貴的路邊土地再慢慢買進。

　　活動中心這一塊地在蓋之前，地面上還留有許多木造營房，地面是舖石板。姚神父當時在拆掉木造營房後，把拆房子剩下的木材都留下來，當時教務處樓下有一位木工伯伯，他便將木材拿回去裁，學校需要什麼就用那些木材來自己做。像是幼稚園兩間睡覺午休的木製雙層床，木材就是從那邊拆來，我們自己釘自己做的。姚神父就說：「我們能自己做就自己做，就好像自己開飯店的人，哪有跑到別人家去吃飯的道理。」所以當時學校有很多東西樣樣都是自己製作的，例如機械科就負責製作學校的運動器材，如排球架、網球架、籃球架等都是自己做自己釘，活動中心有兩臺可以活動折疊式的籃球架，也是老師自己做的，只是因為要用的時候得推來推去，還要插電才可以伸縮，後來大家嫌麻煩又怕危險，所以那時候做完以後也沒有用，就堆在最角落。這些製作的工程，是當時擔任機械科的陳新春主任，功勞最大。而電工科就負責校內的電工、水電維護，每棟大樓一個老師一個助教負責。當時各班級將每週損壞的設備記在一本日誌上，到了實習課時老師、助教便帶著學生去巡察，並且自己買材料，燈管壞了換燈管，啟動器壞了換啟動器，一切都自己來，連聖誕節布置的霓虹燈也都是自己做的。

　　最初學校的校地都是姚神父一小塊一小塊向基隆市政府在不同的時間點買來的，所以每棟房舍的建築方法、建築材料都不一樣，因為不是在同一個時期興建的，花了十幾年的時間才慢慢蓋起來。姚神父那時候曾經帶我到學校山上的後面，想把那塊地給買下來，為此還曾經去國有財產局了解，一談之後才知道那塊公有地都被私人違法佔據了，裡面的貨櫃一大堆，甚至還有申請門牌，要買地前要先跟他們談判。回來評估之後，發現這樣的情況很難發展，前景也不是很樂觀，於是就作罷了。

　　後來又建了籃球場與操場，其實操場到神父宿舍的土地當時還算是國有地，姚神父以前在蓋房舍時還來不及申請，造成了違法侵占的疑慮。不過這件事在民國103年10月已經由楊校長與基隆市政府協調，將地目更改，基隆市政府也同意將土地讓予學校，才徹底解決了這件事。愛國樓最早是一間鐵皮屋，當時孝親樓的廁所剛蓋好，我們的教官、學生便利用軍訓課將拆下的廁所磚頭，每人搬幾塊到後山現在愛國樓的位置，堆了半個人高的磚牆，再找些鐵架、鐵網，在上面蓋上瓦片，便蓋成了工廠，買一些舊的引擎後，隨即成立了汽車科工廠，過了幾年才拆除改建成現在的大樓。

三、聖心創校至今的重大轉變

　　神父的理想是從幼稚園、小學、國中、高中一直到大學，就像日本的聖心大學一樣一條鞭的教育體系。民國58年姚神父原本想要辦初中，但那時候剛好政府要開始實施九年國民義務教育，將初中改為國中，所以臺灣省教育廳的人員在知道聖心要辦初中，就跟我們說：「開辦九年國民義務教育以後，你們要招生也招不到了，都免費了你們要怎麼收學生？實施國中義務教育以後，升國中也不用聯考，都直升了你們要怎麼招生？」於是姚神父就想改辦高中，但政府卻鼓勵他辦工商職業學校，因為辦職業學校需要大量機械設備，而這些設備又都很貴，政府可能因為當時沒有充足的經費能夠普遍設立職校，所以就鼓勵姚神父可以往這個方向辦理。經過申請後，民國60年聖心工商開始招生，姚神父一開始先開辦了機械科、電機科、商業科三個科別。第一屆才招收兩個班，機械跟電機兩科合為一班，女生一班，總共一百多人，可見當時辦職校真的很不容易。

　　姚神父創辦了整個學校，但幼稚園、小學、中學和高中一直都是分開的，因為國中歸市政府管，高職歸臺灣省政府教育廳管。當時校長雖

然都掛姚神父的名字，但姚神父一直都非常忙碌，他有段時間到國外念書的時候就請教務主任代理校長職務。姚神父與丁主任都是外省人，就聘請一些退伍軍官當老師、主任，有的退伍軍人就當廚房、門房或者到總務處支援。而學校當時找不到大學畢業的老師，所以我當初來學校面試時，連試教都沒有就直接把聘書給我了，學校當時並沒有教育專業出身的人，幾乎都是半路出師，各自摸索。

　　剛開始小學與中學都是姚神父掛名校長，後來張淑賢修女來了，姚神父便請她擔任小學校長，中學仍是姚神父當校長，不過因為兩校同在一個校園內，所以還是以姚神父為主，直到姚神父年紀大了比較無法管事之後，才慢慢分成小學與中學兩套人馬。記得我當中學校長時，小學是許秀悅老師擔任校長，她是由教務主任升上來當校長的，但有時候幼稚園、小學、中學三個學校有聯合活動時，仍是由姚神父主持。以前我們都要去姚神父那裡開會，只要姚神父發個話，我們三個學校的人就一起做事，像是高中比較辛苦要幫小學做公差，當時小學像是搬運桌椅或比較粗重的工作，小學生比較做不來的，都是高中的同學去幫忙。以前的老師比較不會有怨言，但後來有些老師會說學生繳學費來學校不是來出公差幫別人做事的，主要原因是老師都要帶著學生出公差，否則學生

會摸魚打混。以前的學生都搶著出公差,因為可以不上課還可以記功,後來有學生要求學校要跟公立學校一樣,出公差要有工讀費用,根本叫不動,可是學校這些工作那麼多,只好找一些快要記三支大過的學生來出公差,可以記功來抵過,以免被學校退學,或是找要重補修的學生,在課餘時間帶他們去漆油漆、釘東西。就這樣來彌補校內人手不足的情況,否則很難找到人手。

　　姚神父開辦國中部之後,將幼稚園到高中都連貫起來,於是有了想辦大學的念頭。但因為學校校區不夠沒有得到同意,後來學校有開辦社區大學,為一些老先生、老太太與校友開課,開設韻律、電腦、日文、瑜伽等課程。姚神父總是不斷地思考,不斷有新想法,又是急性子,想到便要馬上去實行,所以我們也得要跟著他的步伐去做,否則姚神父會很兇的催促我們。

　　學校在我任內期間一開始並沒有編列預算的制度,後來政府規定學校要編列預算結算,但當時會招收到多少學生也無法預期,預算要在學年度開始前編好,編好了以後如果沒有收到那麼多的學生又得要更改,於是每年都是隨便應付一下。而當時收到的學雜費,除了書籍、代辦費外,百分之九十以上都是人事開支,姚神父將收來的學費按月到銀行

分期做定存，每月定存到期再領出來作為支付老師們的薪水，避免挪為它用而付不出薪水。民國79年我接任聖心工商的校長後，看到財務報表才驚覺學校已經負債六千多萬，因當初蓋聖心樓時便借了六千多萬，小學也是借了一千多萬，民國82年到86年間學校招生情況還不錯，姚神父每年開學收到註冊費後，便會讓我蓋章出支票還錢。當時姚神父透過關係向教會駐華代辦申請了六千多萬的無息借款，姚神父擔心教會其他地方也有急用，總是急著還款。我當校長也是處處撙節，盡力讓學校財政持平，不再處於負債狀態。到民國92年離任時，學校還結餘一億二千多萬，學校有結餘後才又撥用了六千多萬買下後山那塊土地。

　　記得那段日子總是省吃儉用，每到學期末經費已經用罄，下學期收了學雜費後又要馬上還錢，一學期若薪水發完了還有結餘就存起來，有一些錢就蓋一些房舍。聖心樓從民國75年蓋到80年，蓋了五年；敬天樓從民國63年動工，64年蓋好一樓，直到民國69年才將整棟四層樓全部蓋好。當初蓋聖心樓會花那麼多錢，在於民國70幾年臺灣正風行愛國獎券，很多人不願意去工作都去買獎券簽賭，所以工人的工資從一天一千元漲到兩千元。加上當時動工以後挖出一個大地洞，不蓋房子怕會影響路基，也擔心地層裂開影響對街的民房，誰知道這一挖沒有挖到寶藏反

而挖到兩個大型未爆彈，後來由軍方前來處理。

　　姚神父會開辦普通高中也是因為高職部分招生變得困難，姚神父告訴我們，遇到困難走不下去時，我們就要改變，於是當時便開辦高中。後來政府教育政策改變，允許私立學校開辦國中，我們也趕快開辦國中，政策改變我們就馬上跟著轉變。只是力量實在有限，行政、師資及資源都因此分散了，校內同仁的兼職負擔也都變得很沉重。我在民國92年退休時，那時候已經有一點憂鬱症的徵兆，就是因為工作太累的關係。民國79年因為姚神父生病的關係，卸下校長的職務，由我接任。那時候學校的招生率有往下遞減的趨勢，在我接任後慢慢將招生率拉抬起來，在民國82年到86年這四年是招生較好的時期，但到了民國88年又遇到少子化現象的緣故，使得往後每年都會面臨到招生較困難的問題。

　　我擔任校長長達十二年半的時間，最值得回憶的是民國70年姚神父先設立電腦教室，臺灣省教育廳邀請本校與另外九所學校（公立八校、私立二校）擔任電腦課程實驗教學學校，後來聖心還因此成為基隆市國中、小學電腦教師培訓學校以及基隆市國、高中教師證登記電腦作業指定學校。讓聖心當時在電腦教學風光一時，這點要以電腦主任鄭得成老師的功勞最大。

四、對於宗教治校理念的看法

　　姚神父時常在校務會議中提到，他創辦學校就是為了傳福音，要把耶穌的愛告訴老師、告訴學生、告訴家長，所以姚神父對傳教工作非常認真，但是並不強迫。當時一個星期會開設四、五個慕道班，每個班大概有四、五個人來聽道理，姚神父與當時幾位主任都會詢問教職員願不願意聽道理，我們不好意思拒絕，便去聽道理，我聽了四年之後也就領洗了。換我當校長時，每次也都會邀請新老師聽姚神父講道理。

　　姚神父在接下教區及耕莘醫院的工作後，當時大概只有週一、週三及週五會在學校，其他時間都在臺北教區或耕莘醫院。儘管事務繁忙，但每次到了慕道班開始的時間，姚神父都會趕回來，從放學後四點講到五點，我們都很敬佩他，因此漸漸地有不少的老師就領洗了。由於領洗的老師變多，姚神父便提議組織「教友老師聯誼會」，把已經領洗的老師以及還在聽道理的老師都找來，每個月開一次聯誼會以及舉辦一些教會的活動，像是聖誕節或敬天祭祖等。姚神父每年也會帶我們去一次「避靜」，像我們曾經去過阿里山的奮起湖、新竹、陽明山及苗栗等，文德女中的修院也去了兩次，花蓮的主教座堂也去了兩三次，還去宜蘭

的聖母山朝聖。後來因為大家多半有了小孩，不方便在外住宿，就逐漸改成在校內的會議室辦一整天的活動。

以前學校有許多本省籍的老師，剛開始聽到姚神父的口音很不習慣，但是時間一久便慢慢聽懂，姚神父也慢慢調整自己的口音。到後來許多校內老師都領洗了，禮拜天去教堂做禮拜的人也很多，只是姚神父晚年以後，進堂的人越來越少，主要是因為後來換了一位外國籍神父，我們都聽不懂他說的話，他好像還會在中文字上寫拼音、聲調，但是連原住民教友都說聽不懂，所以大家漸漸就不進堂了。姚神父體力也不好了，比較少主持，但是仍然堅持每個禮拜天都到教堂，就坐在教堂後面。

有些老師、行政人員應該是因為在學校工作的關係而受洗，姚神父不斷為我們講道理、領洗，我聽神父講道理，四年之後就領洗了，認為增加一個信仰也不壞。但姚神父也不會強迫，不入教也不會影響工作升遷，在學校老師當久了就會升遷，像是之前的教務主任謝雲璈老師，他在中國大陸時就是教友，從空軍退休後便來聖心任教，對學校貢獻極大，是在教務處內上班時中風而離世的，令人傷心。

我們學校的修女是從德國聖神婢女會來的，當時聖神婢女會是透過錢志純主教介紹給姚神父而來到聖心。當初這些修女們來學校幫忙時沒

有地方住，錢主教便出錢蓋房子給她們住，修女們也就這樣在學校裡幫忙了二十幾年的時間。到民國80幾年的時候，教育部開始規定神職人員不能在學校有教學活動或教學行為，加上修女們年老的退休、年輕的聖召又少，於是在這些因素之下，才決定退出聖心回到新竹修會。她們要離開時我們去了修院幫忙她們搬行李，看她們離去的身影都哭得很傷心。

在神父宿舍後面有一段斜坡，姚神父曾提過他與丁主任死後要葬在那裡，沒料到丁主任先走，在教務處旁邊的花圃裡有塊石桌，上面還刻著姚神父親筆題的字，那裡原本是要做為丁主任的墓地。但是後來接到政府的公文，規定校區內不能建有墓地，於是只好通知丁主任的弟弟前來把大體領回。姚神父過世後，將骨灰一半留在後山的聖母園，另一半則帶回中國大陸的家鄉。他們兩人都是以校為家，將全部心血都投入在這間學校之中。

姚神父還有提過他曾到美國、加拿大募款，跑到當地的教堂向那裡的神父求助，希望當地的教友捐款，幫助他辦學校。於是禮拜天做彌撒的時候，他就坐在教堂後面，做完彌撒後那邊教堂的神父便向大家介紹：「後面有一位來自臺灣的神父，要辦學校需要幫忙，請大家踴躍捐款。」神父便微笑著拿個籃子向大家募捐。聽到姚神父說這段故事時其

實感覺滿辛酸的，這樣那能募到多少錢，所以回來後他也沒有提到募到多少款項，但姚神父這樣的辦學毅力著實令人感佩。

五、輔大醫學院的成立

　　姚神父對於教會始終有著無私的奉獻，當時姚神父接任耕莘醫院院長後，有一對律師夫婦看他這樣從基隆往返耕莘醫院很辛苦，給他三、四百萬元要他買車代步，但姚神父卻把這筆錢捐出去了。高雄澄清湖那邊有一塊土地，原本是姚神父計畫與丁主任退休後到那裡蓋一個神父養老院，專供在臺灣的神父可以去那邊養老之用，後來姚神父到耕莘醫院擔任院長後，為了幫忙耕莘醫院的財務只好賣掉那塊土地，最後被高雄教區買去，那塊土地當時賣了七、八千萬也是都捐了出去。

　　姚神父擔任耕莘醫院院長期間也不支領薪水，在發現醫院找不到好的醫師，醫院設備也不行的情況下，於是姚神父先從改善醫院設備著手，興建新大樓。醫院聘請不到好的醫師，便請臺大、榮總的醫師前來互相交流，請他們來耕莘醫院駐診，之後改革醫院制度，規定醫生看診多少人可以抽成，提高醫生的收入，這樣比較能將好的醫師留下來。當時在院內醫護方面，護士有耕莘護校的支持，那時天主教興辦的醫院，

像是桃園聖保祿醫院、宜蘭聖母醫院都很難聘請到醫師。就是在這樣的
情況下，姚神父便興起應由在臺灣的天主教教育系統自己培育醫師人才
的想法，於是向教區主教、輔仁大學等方面反應此事，並說服輔大董事
會同意開辦醫學系。衛生署卻以「臺灣醫師太多」這個理由不准輔大興
辦醫學系，為此，姚神父透過教廷駐華代辦寫信給教廷，請教廷用外交
系統向政府機關遞交國書抗議此事，後來在總統府出面協調後，衛生署
才同意輔大開辦公衛系、護理系及復健系。但姚神父堅持應該要辦醫學
院，為此多方辛勞奔走七八年的時間。在這件事情上，姚神父不以為是
自己的功勞，他總是認為自己是為天主做事，他說：「你看我生病本來
要走了，天主捨不得，叫我又留下來做事，多活了一、二十年，把一些
事情都辦好。」當時姚神父也因為罹患癌症在接受化療，依然用他堅強
的意志辦完這些事情。他遇事總是祈禱，將痛苦交給天主，他始終認真
的在為天主工作，全心奉獻。

六、公、私立學校的教育政策

　　政府講起來算是過河拆橋，有一些教育政策對私校都不公平，私立
學校是綁著手腳跟公立學校賽跑，在學雜費差兩三倍的情況之下兩方要

如何競爭，這點我到現在感觸還是很深。

　　大概民國70幾年，有個學期在寒假過後下學期要開始註冊了，學校有一個三年級的女生下學期還沒註冊，我們打電話去問剩下半學期了怎麼還不來註冊，再讀半學期就可以畢業，拿到畢業證書後可以開始工作。結果她的媽媽告訴我，爸爸做生意失敗，家裡現在沒有錢，小孩子幾個都要註冊，錢不夠，就給在公立學校的弟弟妹妹先讀，姊姊讀私立學校實在太貴了，於是先辦休學。後來學校也為一些比較窮困的學生辦理助學貸款，當時政府還沒開辦助學貸款，我們聖心自己就先開辦了。不過這些後來通常也收不回來，累積了好幾十萬，學生畢業時也不能扣畢業證書，很多學生在離開學校後就再也沒回來還。有時候想起來還是很生氣，私立學校與學同樣是為政府在辦教育，但卻得辦得那麼辛苦，現在私校也一直在萎縮當中。

　　政府只注重菁英教育，最後這些菁英都出國去美國留學，畢業後留在美國做事，私立學校的學生很可憐，自己交學費又不能跑到外國去，在國內待在最基層，任勞任怨的工作繳稅。政府在教育政策的擬定上實在沒有遠見，從小學開始，公、私立學雜費不一樣的待遇，造成小孩子心裡不平衡。我們曾到韓國參觀，韓國也有公、私立學校的區別，但

是在學雜費上完全一樣，補助也一樣，考試是用S型錄取，劃分學區以後，就學區內的學校、學生、班級數進行整體規劃，不像臺灣放任各地辦學、招生，幾乎沒有全盤的規劃。韓國現在都比臺灣好，教育沒有辦好，國家就完蛋了，所以我對臺灣的教育是越來越失望。

不過民國70年政府開始鼓勵電腦教學，我說臺灣教育什麼都失敗，只有電腦教學成功，當時聖心作為電腦實驗學校，第三科江文雄科長是電腦教育的主要推動者，當初他推動電腦教育時，教育部因為當時還沒有課程標準而反對，連大學都還沒開始所以不讓我們先做，但江科長卻支持我們先做。當時有八所公立學校和兩所私立學校實施，私立學校是基隆的聖心工商和高雄的中山工商，公立學校都沒有電腦，政府便補助公立學校購買電腦跟聘請師資。而私立學校自己出錢出力，老師們更要頻繁開會，最後只得到一張感謝狀和十大傑出老師的榮譽，一毛錢都沒有補助。姚神父那時從國外進口二十五部電腦，從兩個人一部電腦開始上課，上課沒有課程標準和教材，學校的電腦老師就自己編寫，姚神父要我跟鄭得成主任到IBM受訓，我中途就放棄了，但是鄭主任一直很堅持的投入，很辛苦的每樣都學，於是後來學校的電腦課程都由他負責，當時學校已經有五間電腦教室了。

　　從民國88年起，我們就發現招生越來越困難。當時整個學區公、私立學校一起聯合招生，我們也到過三重商工、海山高工，都是由公立學校輪流主辦，我們就跟著好像捧場一樣，公立學校一天即招生額滿，便要學生自行前往私立學校登記，所以跟公立學校沒辦法競爭，又得不到政府的協助，處境堪憐。當時老師們都在感嘆，每年上學期從各國中招收的都是中、後段班學生，從九月開始整頓新生到十一、十二月，下學期二、三月又要到各國中宣導招生，老師與同仁們幾乎沒有辦法安定工作。多元入學的教育政策，造成行政人員極大負擔，過去考試的報名、繳費程序只要一次，現在每個人要做三次報考作業，我們學校有國中、高中、高職又有補校，同仁們都很忙碌辛苦。

　　以前補校還要資格考試，現在不用了，補校的學生都是白天要工作，所以晚上便時常缺課，當時臺灣省政府教育廳要會考，學生都到基隆中學考試，通過以後才有資格證書，後來取消了。學校行政人員編制不足，白天跟晚上補校都是同一批人員，中學的行政人員會計、總務、人事還要兼辦小學事務，每個人事情都很多很辛苦。

　　學校為了添置冷氣也曾經大費周章，當時公立學校規定不能裝冷氣，只有特殊教室才有。私立學校為了吸引招生，常會以學校教室有裝

冷氣來宣傳，當時二信、光隆都有，但我們卻沒有，學生跟老師都反應要裝冷氣，一估價下來大概要一千多萬，神父曾帶我到臺北跟一位董事借錢也沒借到，後來是從學校每年準備要給老師們的退休基金中先暫時挪用，等到新學期在學雜費中向每位學生收一千塊錢再補回這筆款項。

　　每次校長會議提出什麼意見，政府總是無動於衷，只會要私立學校自己找董事會提意見，但正是學校董事會沒錢沒能力才需要向政府求助。不過政府往往無法協助又設下許多限制，學校只好想辦法「打擦邊球」，例如政府規定不能聘請外籍教師教學美語，我們國中只好用教育顧問的名義聘請外籍教師來學校教美語。

　　我很生氣每次學校正要步入正軌時，政府的教育政策又會有所轉變。像是當時聖心白天跟晚上大約有兩千九百到三千名學生，算起來有五十幾班，政府這時又開辦延長教育班，基隆女中晚上開辦美容設計班，把我們補校學生都吸引過去了，因為公立學校註冊不用錢，我們學費卻要四、五萬。而基隆商工也興建大樓開辦普通科，普通科招不到學生又辦了特教班、音樂班、體育班，又增班增添設備。民國七、八十年基隆學生越來越少，好學生又跑到臺北考建中、北一女。像基隆高中以前錄取率很高，但後來發生學生早讀時在教室持斧頭砍殺老師的事情

後，當時對很多老師的打擊很大，覺得那麼認真辛苦的教書是為了什麼，學生也不會領情。

　　過去聖心可以招收到遠至福隆、三芝、金山、貢寮的學生，因為在這周邊地區公立的職業學校很少，省立的高中也少，沒考上公立學校的學生就會到私立學校來，但是自民國80幾年後，許多國中的招生變得困難，於是開辦高中部成為綜合高中，學生可以從國中直升高中，這時學生就不會到我們私立學校來。鄰近的地區像是安樂國中變成安樂中學、中山國中變成中山中學、金山也有了金山中學、貢寮也有貢寮中學，學生多會選擇就近就學，到聖心來還要坐頭班的火車，實在太辛苦，使得我們學校招生也就更加地困難。

　　但是以前的學生真的很乖，補校學生也很多，尤其是女生。因為重男輕女的觀念，女生要工作還要讀補校，那時候學生一班都五十幾個，而且真的都很認真讀書。反觀現在的學生很多都不用心，不尊師重道，所以那時候我越教越失望，加上身體狀況也不好，先是高血壓吃利尿劑吃到痛風，痛風之後又打類固醇，民國92年又得到糖尿病。那一年聽到光隆家商的邱勝男校長因為過度勞累而過世，對教育政策又很失望，轉念一想便決定退休了。

七、中國大陸辦學的嘗試

姚神父的故鄉在溫州旁邊的樂清，神父就住在海邊一個名叫蒲歧的小村落。民國84年，當時中國大陸剛開放，他就要我和池校長一起過去那裡參觀考察，我們兩個在那時利用了兩個暑假時間就到了姚神父的故鄉去。臺灣不讓他辦大學，他就想嘗試在中國大陸辦大學。

為了此事，我和池校長到中國大陸之後給當地的書記做了簡報，對方當時提供了三塊土地供我們作為校地的選擇，學校校長一職可由我們的人員擔任，但學校三四位副校長的職務則必須是由他們的人擔任，學校書記也必須是他們的人，而且學校書記有權力制約校長，學校的課程和收費標準全部必須按照中國大陸的規定辦理。所以等於是，辦校的錢由臺灣出資，但管理全由他們包辦。當時我們都以臺灣的標準來思考這件事情，在詢問過他們以後，發現兩邊的標準完全不一樣，所以實在很難辦下去。而他們一方面說很支持姚神父辦學，但一方面卻說最好的方法還是捐款給溫州大學就好，不要再另開辦一所私立大學了。

當時他們也帶我們去溫州大學參觀，據說校門是紐約的溫州僑胞捐款蓋的，圖書館則是臺灣一對夫妻捐了五百萬蓋的，還說溫州有許多在世界

各國的華僑，他們都在世界各國做生意，然後再回來捐錢，或者他們也會主動向華僑進行募捐。不過我們去參訪後，發現當時他們的大學，那時候真是落伍，像是黑板還是水泥板漆成黑色在使用。這所大學的電腦教室比我們聖心還少，才一兩間而已，當時聖心就已經有四間電腦教室了。

八、對於聖心未來的期許

我很高興能把學校以前的種種往事告訴大家，姚神父辦這個學校非常的辛苦，我們那時候的老師跟姚神父都是一腳步一腳步的省吃儉用，才累積到學校現在這樣的成果。不過也很遺憾，在國家教育政策上，私立學校並沒有受到政府太多的照顧，發展不易。加上現在又少子化，私立學校越來越萎縮，所以我對現在還在學校努力的老師是抱持著十二萬分的敬意。

現在的老師、行政人員、校長都非常的辛苦，希望同學可以體會私立學校辦學的不易。也希望你們能夠好好的讀書，學以致用，將來出了社會以後好好為自己的前途奮鬥。

最後祝我們學校校運昌隆，校長政躬康泰，老師們工作順利，學生學業進步，謝謝大家。

張淑賢修女、任若芙修女
訪談錄

訪問：楊如晶、楊善堯

記錄：宋欣恬

時間：2014年12月2日15:30-16:30

地點：新竹聖神婢女傳教會省會院

張淑賢修女、任若芙修女
訪談錄

一、任若芙修女談張淑賢修女初到臺灣的經歷

　　張淑賢修女於民國19年出生於中國大陸一個天主教的教友家庭，因此從小就入了天主教。在北京讀輔仁中學時，與當時聖神會的修女有來往，初中之後便到美國，並在威斯康辛州（State of Wisconsin）的瑪莉山大學（Mount Mary University）讀大學，那是一所由修女辦的大學。張修女最初在美國加入了中華聖母會，雖然中華聖母會也是從聖神會開始的修會，但張修女還是喜歡聖神會，於是就轉到聖神會。當時聖神會在亞洲的據點，最早是菲律賓、日本、印尼還有中國大陸、臺灣等，由於菲律賓的聖神會成立較早，所以當時臺灣聖神會是歸屬於菲律賓的管轄之下，被指派往臺灣的初學生都要到菲律賓初學四年。而最初聖神會在臺灣只是一個區會，慢慢地才變成一個省會，逐漸的發展起來。

　　張修女於民國53年，在她34歲時正式加入新竹的聖神會。由於她在美國讀書，英文較好，被指派到菲律賓宿霧受訓，語言方面比較不會有障礙。民國54年便在菲律賓初學，學習成為修女，民國56年在菲律賓發終生願，隨後來到了臺灣。

二、張淑賢修女在聖心服務期間的經歷

　　來到臺灣以後，我便被派到基隆服務。但在民國62至66年這段時間被調派至新竹曙光女中服務了四年，之後才又回到基隆，一直到民國90年才離開，前後總計在聖心服務了三十四年的時間。我在聖心的期間內，由於姚神父無法長期兼任中學與小學的校長，因此曾由我擔任小學部的校長一職，姚神父擔任中學校長。在姚神父退休後，聘請施宜材老師擔任高中部的校長，我卸下小學校長職務後則是由許秀悅老師接任。

　　在聖心服務的期間，我最喜歡的還是學校的學生，因為小孩子很天真、很可愛。我很喜歡我的工作，可以做很多不同的事情，而不是重複一成不變的事。當時我在學校主要是為學生上數學和道理課，道理課主要講天主教會的教義。姚神父曾告訴學生：「你既然在教會的學校讀書，就一定要聽我們教會的道理，要讓你知道，我們的信仰是誰，你信不信我們不管，但是我們要讓你知道這個信仰。」小孩子都很容易接受信仰，大人反而不容易，就像姚神父所說的，我們不是要他信仰，而是要讓他們知道。

　　我們在學校裡面大家相處的關係都很好，我對小學的老師們，就好

像是自己的姐妹一樣，不會是嚴肅的樣子。雖然該說的事情還是要說，但我只負責監督，看他們怎麼教書？用什麼態度跟學生說話？我們在聘請老師的時候，除了考試以外，也要了解他的背景和過往的行為，非常謹慎，不能隨隨便便將小孩交給老師，也不可以放任。家長為什麼要把小孩送到教會的學校？就是相信教會辦的學校有認真教書，以前很多父母會把孩子送到私立學校來，但私立學校的費用是很高的，可是就是因為家長都知道私立學校的老師會很認真教書，因此認同私立學校的辦學。同時，老師教書也不應該只是教學生寫字念書，更要學會做人、服從父母、服從長上，做個好國民，也才能服從法律。

在我們的教學中，也會融入天主教的信仰。比方說天主教的規矩就是不許欺騙人，你欺騙別人，聽的人可能不知道，但是天主知道。聖心的校訓便是如此：「敬天、愛國、孝親、愛人」，就像姚神父對我們說的，我們不知道學生信不信，但是要讓他們知道，這就是天主給我們的責任。創辦學校不是為了賺錢，更要把福音傳給學生，教導學生做人處事的道理。

姚神父是很認真的一個人，而且慷慨大方。另一方面他也很信任別人，他要是把一件事情託付給你，一切的責任就是在你身上，他是這樣的

一個人。我和姚神父從來沒有吵過架，因為在學校裡他是長上，我們是修女，給神父做事當然要聽神父的。雖然有時候想法不一樣，但可以慢慢跟他溝通，跟姚神父做事情就是這樣，例如一件事情，如果你預先跟他商量就沒事，如果你私自作主，那可能就糟了。所以我跟姚神父沒有發生過什麼衝突，因為他是神父，叫我做什麼我就做，我們當修女的，不服從怎麼可以？而且姚神父的年紀跟輩分都比我們大，自然要尊重他。

姚神父是正正當當的一個人，每個人都有個性，可是做出來的事情要讓大家都能夠看重，這很要緊。姚神父做的事正當，沒有私心，所以他說什麼我都可以接受。姚神父從來就是以天主教為重，把天主教的教義生活出來，其實我們要講道理，要告訴人家，道理要在生活中實踐出來才有用，你不在生活中實踐出來就是空口說白話。

三、任若芙修女在聖心服務的經歷

我是民國65年8月來到臺灣，最初我是在荷蘭的時候得到通知，說臺灣這裡需要護士，由於我是護理專業人員，因此便詢問我能不能前來臺灣服務。

我在聖心主要是擔任學校的護士，在我之前已有許多修女在聖心服

務，像是負責中學部的陳惠姬修女，負責小學部的張寶華修女，而呂薇修女除了當護士之外，也當過幼稚園園長以及安老院的工作。另外，那時候學校聖堂旁邊有間小診所，就在現在本堂神父辦公室那裡，從前青年會做完彌撒之後也會在那裡聚會。

　　這間診所也是姚神父請我們修女前來開辦的，早期基隆地區非常缺乏醫療院所，在基隆的醫師也很少，所以在診所中很多時候其實都是由修女們在那裡為人治療，且由於收費低廉，當地許多人只要生病都喜歡到我們診所來。最早開始在診所服務的是孫炳善修女，接下來是安治平修女負責診所的工作。但不幸的是，安治平修女在一次休假回國時，在美國發生車禍過世了，所以就找我來接手他的工作。後來因為在西定路上也有了好幾間的診所，聖心診所要請醫生不容易，如果有人要看病也可以到其他地方去看，所以便決定將診所關閉。也因如此，就結束了我在基隆待了三年的日子。

　　聖神會的修女在聖心起初是沒有薪水的，完全是義務性的服務。因為當時學校也成立不久，正在發展階段，如果一個地方在發展時要是都拿空了，便沒有辦法繼續發展，所以一開始在學校幫忙的神父與修女們都是義務幫忙，之後才看情況支付薪水。這些其實都是理所當然的，輔

大一開始也是這樣，我們入修會就是必須服從，能夠看著學校逐漸發展起來就很開心。

　　當時在聖心，我因為校內工作的關係需要隨時都在學校，不過有時候也會去本堂。姚神父也很看重本堂的福傳工作，所以修女們在學校工作時間以外，也常利用晚上或假日的時間一起出去拜訪教友，姚神父至少一個禮拜也會跟著我們去一次，那時教友們都很歡迎及高興看到姚神父的到來。除了關心本堂工作、關心學校學生外，姚神父還經常上山去傳教，因為基隆到處都是山，他常常到處去講道理，為教友準備領洗，主日還要主持彌撒，說起來實在是不簡單。

　　我們所屬的修會全名是「聖神婢女傳教會」，但是一般都用聖神會，「婢女」一詞只有在大日子的時候才會使用。而「聖神的婢女」意思就是天主的僕人，所以我們工作就是為了天主聖神而做，如同我們的會旨：「我是上主的婢女，所以這個名字是我要給我的修女。」這是很寶貴的想法，可是我們一般比較不講婢女的稱謂，只有很簡短的稱為聖神會。民國90年我們離開聖心的時候，學校還有耶穌孝女會的年竹蘭修女在學校內服務。不過聖神會在臺灣除了在聖心服務以外，最早其實是在新竹曙光女中服務，以及曙光小學與曙光幼稚園。

四、姚神父的募款行動

　　姚神父常會利用學校寒暑假的時間出國去募款,中間還有曾一段時間到羅馬攻讀心理學博士。由於當時我們的總會長是阿根廷人,所以姚神父有阿根廷的護照,他曾經去過德國、阿根廷和美國募款,還有我們修會的沈恩楷修女,也想辦法幫忙過姚神父募款。沈修女是德國人,經常為姚神父寫信到德國的Missio組織申請經費援助,也因此聖心許多設備,像是早期機械科實習用的車床和引擎等設備很多都是德國運來的昂貴機器,另外還蓋了學校的教室與工廠。姚神父當時便說:「既然有人幫忙,我再加上一點錢蓋三層樓。」沈修女募來的錢只能用來扶助,還是要自己到別處籌錢來蓋那三層樓,後來那三層樓也就是山上的敬天樓、愛國樓和實習工廠,這些都是後來才逐漸蓋起來。那時候我們修會的修女們都與姚神父一起為學校而努力,一起辦診所、一起拜訪教友、一起為學校服務、一起募款等,大家同心協力,就像是一個大家庭一樣,而這些同樣也是一種使命感。

　　姚神父當時募款也不光是為了學校,也是為了本堂、為了耕莘、為了傳福音、為了其他需要幫忙的神父。只要是有需要,姚神父都會很大

方幫忙，不光是為了聖心。而且他還有辦法買地，只是有些土地以後都送出去給別人用了，不只是給聖心而已，他這個人很有辦法的。當時姚神父是副主教，也是耕莘醫院的院長，所以也在耕莘醫院裡面幫忙，他從來都不是為自己，都是為別人做，也為教會做。凡是募來的錢都用在學校、用在教區，他在教區也是負責管理財務，所以在這方面的頭腦非常清楚。

　　姚神父募款最重要的是有清楚具體的計畫，需要什麼？用什麼方式？運用什麼款項？要是不知道計畫，誰都不會隨便捐錢，若是合理的計畫，自然就會有人幫忙。曾經有個瑪利諾會的神父在苗栗，他也是這樣去募款。首先必須具體的知道需要怎樣的房舍？怎樣的設備？才能告訴別人我需要什麼，並且進一步評估，知道周圍是否能夠提供幫助，他說不必到美國去，在臺灣就有很多願意幫忙的人，但是你要知道怎麼把意見告訴他，要讓他們知道這件事情有意義，他們才會願意付出。除此之外，還必須誠實，經費必須確實使用在計畫項目上，而且也必須提出相關經費的使用報告。

　　姚神父募款是否有特定對象我不清楚，但我知道的主要有德國政府出資成立的Mission Fund這個天主教慈善機構，只要是我們的傳教會就

可以申請，但所能申請的經費不是很多，大約就是十萬元左右，每個傳教員都可以申請，我們在臺灣時申請過一兩次。另一個是Missio Aachen這個機構，他是一半教會一半政府捐贈的機構，主要是為了牧靈工作，為了幫助姚神父的傳教工作，他們也有提供不少的援助。另外是德國政府出資成立的MISEREOR，這個機構是與德國天主教相關的機構，成立目的是為了援助需要協助發展的地區，例如非洲、亞洲、拉丁美洲等較為貧困的地區，他們會視申請者提出的計畫而審定，如果同意申請者所提出的計畫，便能提供許多經費協助。

五、對聖心學生的勉勵

我們對小學的學生都有一種教育性，教育他們如何做人處事，不能只會唸書而已，還要懂得聽父母的話，做一個正正當當的國民。

聖心的小朋友出來會和別人不一樣，比較懂得做人處事，懂得服從，也更能與人和平相處。聖心和一般學校不一樣的地方是，聖心教育出來的小孩會比較有規矩有禮貌，所以許多父母喜歡把小孩子送到我們這裡來。我常會跟孩子們說：「你們的做人處事行為表現好，有人會說你們的這些表現是從父母那裡學到的，就會使你們的父母得到光榮。」

陳惠姬修女、雷華修女
訪談錄

訪問：楊如晶、楊善堯

記錄：宋欣恬

時間：2014年12月2日17:00-18:30

地點：新竹聖神婢女傳教會省會院

陳惠姬修女、雷華修女
訪談錄

一、姚神父創立聖心的緣由

姚神父在中國大陸的時候就有擔任過學校的校長工作，他們的小修道院內有四、五十個修士，最後成功當神父的就只有兩、三個人，由於他成績名列前茅又學識豐富，當時他們村子有受過完整教育的人並不多，他在村子裡面又是神父、又是本堂、又是高級知識分子，所以當時有個小學就請他去當校長。

姚神父說過他從中國大陸來到臺灣上岸時，不但身無分文，而且什麼都沒有。當時梅冬祺神父去基隆港去接他時，由於姚神父沒有穿什麼厚重的衣服，梅神父就把他的大衣給他穿，褲子也給他一條。因為姚神父那時連褲子都沒得換洗，連做彌撒的器具也沒有，當時都是這些神父們東拼西湊的提供給他，所以姚神父一直非常感恩這些神父與教會。梅神父是明愛會的負責人，負責臺灣明愛會的活動與捐款，所以姚神父後來也很常捐款給明愛會。

所以當姚神父來到臺灣後，就覺得教育很重要，同時也有過辦學的經驗。當年從中國大陸撤退過來的神父、修女們很多在臺灣都是辦學校，像是新竹的曙光女中也是如此。當時很多天主教的神職人員都受過

高等教育，神父、修女、修士們透過教會的幫助有機會接受比較高的教育，但平常人可能就沒有。所以這些神職人員覺得教育與教化功能可能比較相近而結合，姚神父創校的概念應該也是如此。

二、雷華修女進入聖心的緣由

我來臺灣的時候是民國55年，來臺灣之前我先學了一年半的國語，之後在曙光女中擔任英文老師。民國64年，基隆的小團體需要有新的院長，他們選派我過去接任，那時是學期剛開始的時候，而當時曙光女中是聖神會的姚景如修女是擔任校長。

我是民國64年2月到基隆，那時候主要是為了團體工作，可是同時也在聖心女生部教英文，所以姚神父給了我「女生部主任」這個職稱，但也只是大致管理而已。比方說星期六的打掃工作，並沒有其他的工作。所以當時除了團體工作之外，還有教英文的工作和聖堂的工作，另外圖書館的工作也做了一些，最主要仍是在中學部教英文。小學部由於我是外國人，所以沒有教師相關資格可以在那裡教書。

三、陳惠姬修女進入聖心的緣由

民國75年的暑假，當時姚神父在堂區開辦兒童道理班，需要請比較年輕的修女來幫忙。那時候我還是一個望會生、保守生，還沒有穿修女服，穿著便服就去兒童道理班上課。在那裡感覺到整個堂區的教友和學生都很活潑可愛，可惜在那邊的時間不長，只有兩、三個月而已，一個暑假過後我就回到新竹入初學，按照修會的陶成步驟執行。在新竹兩年以後發願，要正式派遣的時候，會長告訴我要派到基隆聖心去服務，當時我也覺得很開心。那時候基隆聖心已經有張淑賢修女、舒厚德修女、高婉德修女三位在那邊服務。

到了聖心，在堂區方面的主日都有活動。星期天有彌撒，彌撒之後再幫忙帶青年會的聚會，張淑賢修女帶兒童道理班，舒厚德修女帶年紀更小的小小兒童道理班，高婉德修女負責整理聖堂的花卉和經本，後來張淑賢修女還成立一個女教友的玫瑰聖母會。而我在堂區的工作，主要是每個星期三晚上跟著姚神父和所有的修女、劉俊輝先生、蔡禮新先生等聖母軍成員，都要一起去教友家輪流唸玫瑰經。我覺得堂區和學校是滿融合的環境，我們修女們利用白天去老人院，就是安樂區的仁愛之

家，都去那裡拜訪老人，如果有老人家要領洗，姚神父就去給他們領洗，做一些牧靈的工作。還有鄰近一些孤苦的老人，我們會去拜訪並且送飯菜食物給他們，另外，我們也會去海軍醫院拜訪受傷軍人。

在學校方面，姚神父也安排我在高中部當女生部主任，主要是對她們的生活教育、品格教育做一些教學活動。譬如說那時高中女生部有五個班，在天主教學校都會上倫理教育課程，現在已經改成生命教育課程。而在小學部，舒厚德修女是上小學一、二年級，張淑賢修女上五、六年級，我就上三、四年級的兒童宗教課程，就是道理課程，整個生活非常的充實愉快。

在聖心印象最深刻的是，我剛到聖心的時候，小學、中學與高中的三個下課鐘聲我都搞不清楚。從幼稚園的鐘開始輪流打，到小學部跟高中部的鐘聲，到底是誰在上課、誰在下課都搞不清楚，太多鐘聲了。但是張淑賢修女卻說：「小孩子都知道，誰在上課，誰在下課。」我分辨了一段時間才終於弄清楚三個鐘聲的不同，事實上，各部的鐘聲都不一樣，各有它的旋律。譬如那時候我在小學部，然後高中部下課了，可是我們這邊大家都知道那不是我們的鐘聲，就不會下課也不影響，感覺實在很神奇。上學和放學時也都各有各自的放學路線，被安排得很好。

　　從小小班、幼稚園、小學部到中學部，每次學校有大型活動，像是母親節活動所有學生一起慶祝的時候，從小小班到中學，整個校園是一貫上來的，就會覺得很可愛，也會感覺整個校園充滿活力。小學部一下課，每一個小學生都會衝到大廣場玩樂。我經過大廣場的時候，小朋友就會站一排，很熱情的向我喊：「陳姆姆」，我就和他們打招呼。我們常在校園裡走來走去，常感覺院子裡面就存在著耶穌的愛，那個校園就是耶穌的聖心。姚神父也常常說：「聖心學校就是用耶穌的愛來照顧小孩子，就是用天主的愛來愛小孩，所以都歡迎每個小孩。」也常常看到小孩子很熱情的叫他：「神父爺爺好」，感覺真的是一家人的樣子。等學生放學回家後，就剩下姚神父和我們在家，校園就是我們的家，我們就在校園內生活。夜間部的學生還是在，我們常會聽到夜間部的學生來上課，由教官管理他們，他們也都很乖巧。

　　等到放假過節，學生通通不在時，就剩下姚神父、工友伯伯們還有我們。譬如像過年除夕的時候，工友像陳伯伯、劉俊輝先生，還有丁仁江先生會去買好多鞭炮，然後放鞭炮。特別是門房的陳伯伯買了鞭炮就叫：「姆姆們快出來，我要放鞭炮了！」我們在吃飯時，也會趕快出來看他們放鞭炮，大家就彼此互道恭喜，真的很開心，就是一種一家人的

感覺，你跟工友們是一家人，跟姚神父也是一家人，不會覺得有距離，就是一個彼此照顧的大家庭。工友先生對我們很好，過年過節買雞、買鴨、買肉、買水果來送我們，跟我們說：「姆姆啊！祝你們節日快樂。」覺得很溫暖、很溫馨。另一方面，學校的老師只要沒課，姚神父就會請他們來聽道理。姚神父不斷地講道理、不斷地有老師認識天主、不斷地有老師領洗，讓我覺得大家就是一家人。

　　每一年神父在寒暑假都會辦一個避靜活動，像是到彰化靜山避靜、到新竹納匝助修院避靜，到過好多地方避靜。還有辦避靜日、靈修日，以及教友共融日等兩、三天的活動。每次姚神父都很慷慨，當時菜色比較簡單，只有五、六樣菜加上一個湯，姚神父就會立刻請人去買個兩隻雞來加菜，一定讓大家吃得很豐盛開心，讓我們的身、心、靈都被照顧得很周到，不斷地營造一家人的氣氛，他就是這樣一位不斷照顧晚輩的長輩。跟姚神父在一起的時候，就覺得他是一個很慈祥的老爸爸。

　　姚神父過年過節常請主任們、組長們到神父的宿舍，請他的廚師辦桌，修女們一桌、主任們一桌、神父們一桌。還有他的神父朋友們，像是呂漁亭神父、錢志純主教、李震神父以及寧波教區來的賀紹欽神父，他們一群人就會很開心聚會。他們年輕時都在寧波教區的修道院，一起

在同一個教區進行傳教工作，所以常常聚在一起。姚神父也會常邀請他們來聖心講避靜和做彌撒，然後請我們一起吃飯。姚神父請的廚師也是浙江人，會煮浙江菜請我們吃，就像一個教會的大家庭，讓過年的氣氛更加濃厚。

姚神父說：「我們要藉著教育，把天主的愛、天主的福音傳達給所有老師及學生，讓他們認識天主無限、美好的大愛。」所以神父很看重聖心的校訓：「敬天、愛人、孝親、愛國」，他將聖心的校訓寫在校門上，希望學生進進出出時能看著這個校訓，提醒我們要從敬天開始做起。姚神父既是學校的創辦人和校長，又是堂區主任，所以堂區和學校兩邊的關係非常密切，修女們也就要同時一起做兩邊的工作，每天都很忙。但是我們也有自己的假日，譬如說外國修女會回國一、兩個月探親，我們本國籍修女則是每年的寒暑假可以回去一、兩週探親。

姚神父在堂區的錢完全都不會拿來另作他用，教友們的奉獻通通都是為了堂區的活動，所以他讓我們修女們去管堂區的錢，自己不碰。此外，我們還會輪流把從小學到高中的每個班級帶到聖堂去做彌撒，連夜校的同學也會去，曾經有好幾個晚上我都有去幫忙，當時學校的趙松喬老師會帶他們過來。而這樣的彌撒都會記在行事曆上，讓學校內各班級

輪流來體驗，奉獻的彌撒是為班級祈禱，然後每個人都有他的祈求和希望，以及為世界祈禱。

　　那時候到聖堂做彌撒，很自然就在行事曆上，排好哪一天是哪一個班級。學生大概一年就來一次而已，多數學生也滿開心的，可能有些學生會覺得輕鬆好奇，而且聖心的聖堂很漂亮，進去就有一種神聖的氣氛。我會告訴他們要練習一些歌曲，我們會唱譬如說：進堂曲、奉獻曲、禮成曲三首歌，歌曲也不會是那種古老的歌，而會選年輕人喜歡的歌，他們都很開心的唱，所以我的印象中這樣的活動並沒有反對的聲音，學生們也覺得祈禱不是壞事，我們也會告訴學生什麼是真正的信仰。而真正的信仰是：「神是愛我們的，希望學生不要被神棍給操弄，神棍只會騙財騙色」。在做彌撒的同時也順便跟他們進行宗教教育，告訴他們：「你要選擇一個好的信仰，誠心地去相信。但是要注意，不要被一些假宗教、假信仰與神棍給欺騙了。」慢慢地跟他們講，你信什麼宗教都要彼此尊重，但是你要知道神是非常愛你的，無條件的愛。只有人要錢，神是不要錢的。但教會為什麼需要捐款，是為了建學校、建醫院、幫助窮人的目的而使用，那裡有急難，我們才會發起樂捐，而不是你今天做了什麼事情要被處罰了，才要拿多少錢來消災解難，那種就是

騙人的。至少對神的觀念是正確的，對信仰的觀念是正確的，那你信什麼宗教其實都可以，都尊重每個人的宗教信仰自由。

　　天主教會尊重自由捐獻，沒有硬性的規定。而基督教則是從《舊約》裡面的「什一奉獻」概念去執行。譬如說我們有幾個基督教朋友，有的很慷慨，覺得神賜給我這麼豐富的恩典，所以我回饋給神十分之一也沒有覺得怎麼樣，但是有的人會覺得這樣的負擔會比較大一點。我覺得天主教在這方面沒有特別的規定，你願意捐獻多少就捐多少。在耶穌的眼中，窮寡婦捐的兩塊錢比有錢人剩下的零錢還多，最重要的是心意，耶穌看重的是心意（馬爾谷福音12章41-44節）。他家財萬貫捐個尾數一千萬，對他來說無關痛癢，可是一個窮寡婦捐的兩塊錢是她的下一餐，捐出去後她就得餓肚子了。所以兩者相較之下，耶穌說這個窮寡婦比那位有錢人捐的還多，兩者之所以不一樣就是因為心意。

　　姚神父就是有熱忱的福傳精神與愛當地的心。他常說，基隆氣候不是很好，要不是因為熱愛天主以及熱愛這裡的人，為了福音傳播的關係，大家都會想要離開基隆這個地方，去氣候比較良好且風和日麗的地方。可是因為他來這裡了，所以他就不會放棄這個地方，他就會永遠愛上了這裡，這樣才能克服這些不良氣候的影響，風風雨雨也都無所謂。

　　有關姚神父買地、興建學校大樓的過程，或者是他捐地和捐款的事情，我們往往都是之後聽他分享才知道的，我們一向都是尊重姚神父的看法。事實上，要給姚神父提意見並不容易。姚神父向來都是自己做了決定之後，便會盡全力的去完成。所以在治理學校方面，當時所有學校的行政人員每週都要到神父的辦公室開行政會議，也就是在現在的姚神父紀念館。我因為是女生部主任，所以神父就叫我坐他旁邊，每個人輪流報告負責的事務，最後交由姚神父進行裁決，會後所有人便照著執行。

　　在開行政會議的過程中，我最聽不懂的是總務處丁主任的山東腔，但姚神父都聽得懂。就如同起初我也聽不懂姚神父的浙江口音，很多時候只能用猜的，但經過一個月後便能完全聽懂了。之後我還發現姚神父的英文比中文好，英文非常標準，有一次教宗派了教廷駐華代辦裴納德蒙席到聖心來，全校通通出來列隊迎接，還有安排樂隊奏樂歡迎貴賓，由於裴代辦不會講中文，姚神父便用英文與他溝通，聽得出來姚神父的英文比中文講得還要清楚，但是丁主任的中文我聽了好多年還是聽不懂。

　　另外我還有一件印象深刻的事情，就是學校餐飲科的創立。當時大

家在校務會議中提出想要增設餐飲科，姚神父為此帶著我們教職人員到其他有餐飲科的學校去參觀考察，看需要什麼樣的設備與師資。回到學校以後便請當時的教務主任施宜材主任進行規劃，沒多久之後便開始招生。

四、姚神父生病與擔任耕莘醫院院長

　　姚神父得胃癌是擔任耕莘醫院的院長時後，他也曾告訴我們：「主教派我去當耕莘醫院的院長，我跟他說不行，我是學校的校長，我怎麼可能去做醫院的院長，然後放掉我的學校。」但是為了讓姚神父能夠接任，主教便同意他一、三、五這三天到醫院，二、四、六這三天在學校。姚神父是一位很熱心服從，又很敬愛主教的人，想說既然主教這麼極力地邀請他，而且為了要協助姚神父方便從學校往返醫院，主教還派了一輛車專門來接姚神父去醫院上班，每週一、三、五司機都會來到校門口把姚神父接走，晚上再把他送回來學校。

　　在醫院工作的期間，姚神父覺得在院內量體重很方便，便會時常測量自己的體重。過了一段時間後，他發現自己的體重不斷減輕，而且越來越消瘦，當他瘦了四、五公斤後就覺得不對勁，在醫院做了詳細的

檢查後發現罹患了癌症，得開始接受化療，我們聽到這個消息後都很難過。當時他還在蓋耕莘醫院的住院大樓，還會跑來跟我們分享，我現在正在蓋大樓，已經蓋到第幾樓，現在又要買什麼機器，好幾千萬，醫療設備很貴等情況。

　　有時候我們會提到哪位姆姆生病了，他就說：「沒關係，坐我的車一起去醫院檢查。」我記得有一次我肚子痛，坐他的車一起去醫院，他還幫我安排女醫師，除了診療比較方便外也比較會細心照顧病人。那時我到他的院長室等待時，他還邊批公文邊與我聊天，跟我說：「有個人知道我愛吃魚，就送了我一包魚。那一包魚有腥味，他放在我辦公室就走了，後來我的客人進來後都聞到那魚腥味，我都不好意思講，每個人進來時一定覺得是我在放屁。」他就是會跟你閒話家常，跟你聊工作，還說：「我分兩條給你們，兩條留在我宿舍。」人家送他什麼東西，他都會拿來跟我們分享。

　　他開始做化療時，我們去看他時，他說一開始做化療，像是頭髮和指甲都掉了，身體上會快速生長的都殺，頭髮都掉光了。他說：「我的頭髮都掉光了，像個和尚一樣。」他的治療很辛苦，打針後，白血球下降，身體很不舒服，要過了幾天才有胃口吃東西，在這之後他考慮要退

休，當時張淑賢修女是小學部校長，姚神父是高中部校長，他提出要退休時，大家都覺得很驚訝，便想到他可能會請施宜材主任當校長。我記得那一年我們在納匝肋修院避靜，姚神父因為生病沒有參加，全部的老師都哭了，大家都好難過，他就像大家長一樣帶領著每一個人。

五、陳惠姬修女談姚神父的投資理財

姚神父可以蓋學校、蓋醫院還大量捐款給輔大，足見具有理財專長，而他的理財方式是投資土地。我記得姚神父有一次講過，以前在高雄有人有一塊地要賣，就問姚神父有沒有興趣買。他說他本來不想買，但結果後來還是買下了。沒想到，十幾年後因為都市計畫而地價翻漲，所以他就賣掉這塊土地，把賣地的錢捐給輔大去蓋醫學大樓。另外當時有人找他在宜蘭三星買一大塊農地，他就買了。他說我買那些地都沒有設定要做什麼，結果後來耕莘護校要變成專科學校，要升格變成健康管理學院時需要一塊校地，他是耕莘護校的董事，知道學校有這樣的困難，就把宜蘭三星那塊地捐給健康管理學院去升格，所以當時耕莘護校的校長非常感謝他。

姚神父還有個很不錯的概念，譬如校慶時會去邀請地方賢達人士

或是市長來參加慶典活動。姚神父說：「今天我們結交有錢人不是來欺壓窮人，我們跟他們做朋友、互動、交往是為了幫助更多的人，所以跟他們交際不要害怕，跟他們交往是為了建設更好的社會。」所以他不覺得有錢是不對，有錢是為了做好事，為了貢獻，所以他投資的意思是：「天主藉著他幫助更多的人」。姚神父曾經提過，剛開始的時候沒有錢，他曾到處跟別人借錢，也跟教友借錢，當時許多地方都需要建設，不只是醫院還有學校等等，到最後學校有盈餘了他就投資買地。

　　我記得有次去一個社區，在復興路那裡，我們去念玫瑰經，姚神父就說：「我的天啊！你看這整座山都蓋了好多房子啊，早知道我就把這座山買下來，現在就大賺啊！」因為他年輕剛來的時候，那時還是一座光禿禿的山，什麼都沒有。他就是有經營的理念，就是知道哪裡有土地我要買下來。聖心也幾乎是整座山買下來，他就會想說要發展的話，聖堂旁邊有塊陸軍營地的空地，他買下來我們都不曉得，直到蓋房子要動土典禮時才知道那塊地是他買的，否則一直荒蕪著，後來才知道原來現在學校校內的那座山他也買下了，等時候到了才蓋大樓。

　　聖心有棟蓋有城堡外觀的聖心行政綜合大樓，當時姚神父便跟我們說他要挖到地下五層樓，記得我們還曾一起參加動土典禮，是從民國

76年時開始興建。由於那塊地最早是軍事基地，開挖時還挖到砲彈，記得當時在施工時，我們的修院感覺都快裂掉了，因為要插很大的鋼骨下去，到地下五層樓頂住才能夠開挖，之後再往上建起大樓。多年之前有次颱風，西定路上的水淹進學校裡面來，淹到聖堂差不多半個人這麼高。所有有那次經驗後，新蓋的大樓一定要挑高，甚至比外面的馬路還高，就是怕淹水會淹到下面的地下室，變成一個超級大水池，後來美輪美奐的聖心綜合大樓於民國80年完工。

姚神父說，有個教友說他：「你是個標準的神父，是最適合做神父的人才，不喜歡抽菸喝酒，沒有什麼不良嗜好，只有信仰。」每次聖心瞻禮時，他要老師們去朝拜聖體，姚神父會放一個跪凳在聖體龕前面跪一個小時，那時候他已經七十幾歲了，沒有起來，就跪在那裡一直祈禱。他要我做榜樣，給老師們做祈禱的榜樣，他對於以身作則來領導的自我要求很高。

六、雷華修女談姚神父的對外募款

姚神父當時草創學校時，需要錢蓋大樓，便跟德國MISEREOR機構申請援助。德國有兩個組織，Missio和MISEREOR，Missio是幫助教

會的，MISEREOR是幫助學校的，曙光女中也接受過MISEREOR的幫助過。MISEREOR是拉丁文的一個字，意思是「我可憐他們」，這兩個組織到現在一直都在存在，是德國人興辦的，德國政府與人民捐款幫助MISEREOR，由教會管理這筆經費。Missio是給教會組織或是辦道理班，MISEREOR則是任何一個貧窮或需要幫忙的組織都可以申請，但並不是全額補助，一部分必須自籌，申請計畫要寫得很清楚，完成以後MISEREOR還會派人來檢視成果。

德國以前在第一次世界大戰後是戰敗國，後來因為在其他人的幫助下，花了十年左右的時間就成功復興，並且成為超級強國。所以他們認為，我有能力再去幫助別人，才成立這樣的基金會。

以前沈恩愷修女在的時候，她曾經替姚神父寫了很多的信回德國要這些機構捐款援助，學校裡實習工廠的德國器材都是透過沈修女幫忙才得到的捐贈。姚神父也就以德國人教學作為廣告，加上當時聖心的設備是基隆地區最好的，連真理大學都曾經前來參觀過。因此姚神父也常常說他非常感謝沈修女，可以說是沈修女把聖心的工廠建立起來的。後來學校經營得不錯，就沒有再接受捐款，姚神父說換我們可以捐款幫助別人了。

七、陳惠姬修女談姚神父與聖神會修女們的關係

　　姚神父最初會找到聖神會一起在聖心草創時來幫忙，主要是透過錢志純主教的介紹。他們彼此是好朋友，都是過去在寧波教區傳教時就認識的好友。錢主教原本曾在基隆的堂區服務過，由於本堂神父也需要修女的幫忙，因此認識了我們德國的修女，便請我們的修女到聖心本堂來幫忙。當時我們在基隆住的修女院也是錢神父募款規劃蓋的，就在聖心小學旁邊。而修女院當時一樓是聖堂、廚房、餐廳和客廳，二樓是宿舍，現在已經改為圖書館和美語中心。

　　最初到聖心服務的修女有沈恩楷修女、彭志義修女、孫炳善修女及張茂貞修女，後來有修女調動，陸續有張淑賢修女、張萃文修女、張素治修女、任若芙修女、蔣冰清修女、余碧真修女、吳淑景修女、呂薇修女、高婉德修女、舒厚德修女、張寶華修女及雷華修女等，都曾經在聖心服務過。

　　我記得姚神父有說過：「錢神父有交代，我請這幾位修女來，一定要記得一件事，她們的生日絕對不能忘，生日的時候一定要送禮物。」所以我們每次過生日時，姚神父都會送我們蛋糕以及雞肉、鴨肉等食物

給我們加菜。所以姚神父在第一次見到我時，就問我的生日是幾月幾日，用他口袋裡的小冊子記下來。他說錢神父有交代，修女們的生日絕對不能忘記。果真每年到了我們的生日時，真的會買個大蛋糕，所以他對人真的很用心，用心去經營關係也用心去對待別人。聖神會的修女們在聖心幫忙了將近四十年的時間，後來因為聖召少，後繼無人，加上原先服務的修女們年紀也大了，會長覺得沒辦法再派人到聖心支援了，雖然再捨不得也只好離開。

　　我們在聖心的時候，姚神父都知道我們的作息時間，常常他已經在他的神父宿舍吃過晚餐，但是都會在晚餐時間跑到我們的修院來坐坐，我們便一邊吃飯一邊聽他聊天。我常常看姚神父常常拿著念珠，就在若瑟樓二樓及三樓這樣走來走去，他很喜歡那棟樓的整個樓層，所以常拿著念珠邊念經邊走路，我們每次晚餐的時候他就會進來，我們總會聽到他敲門還有推開紗門進來的聲音，他會跟我們閒話家常。譬如會問我們，聖誕節要到了想要什麼東西，所以有一年聖誕節就送我們一人一床棉被。又譬如說，某一天他笑嘻嘻的過來，然後我們就問他今天怎麼那麼開心？他說：「我跟你們講，我中大獎了。你們猜猜看我中多大的獎，比一百萬還要大，比五百萬還要大，比一千萬還要大。」最後才

說：「我今天檢查報告出來，我得了胃癌。」

　　雷華修女民國64至66年在聖心服務，高中部於民國57年開始購地建校舍，於民國60年開始招生。所以雷修女在聖心服務時，聖心工商才剛創校四、五年而已。當時學校人數也不多，生活也很簡單，因此並沒有到神父辦公室開行政會議的制度。但是到了民國75年暑假我到聖心服務的時後，以及之後民國77年至79正式服務的兩年內，聖心創校已近二十年，已經是頗具規模，學生人數非常多，小學部招生額滿，高中部也似乎有兩千多人，還有夜間部的補校，學校從早到晚都是學生，算是聖心的巔峰期。

　　即使是學校巔峰的時期，學校也只有四位修女在服務。當時除了我之外還有高婉德修女、張淑賢修女與舒厚德修女，其中高修女因為是修院院長，實際上主要負責修院聖堂的事務，張淑賢修女是小學校長還要負責講道理，舒修女是為幼稚園、小一及小二的學生講道理，我負責小三、小四還有中學部女生的講道理。我與雷修女在聖心服務的時間相距十五年，這十五年臺灣的改變很大，學校也在這十五年內發展起來，當時並不像現在少子化以及後來基隆又增設其他學校，加上交通便利，許多學生選擇至臺北就讀，使得學校的招生變得更加不容易了。

年竹蘭修女
訪談錄

訪問：楊善堯

記錄：宋欣恬

時間：2015年1月7日11:00-12:00

地點：天主教輔大聖心高級中學

年竹蘭修女
訪談錄

一、進入聖心服務與初識姚神父

　　大學時候因為教友身分，看天主教周刊常有姚宗鑑副主教的大名，卻從沒想過在他晚年的時候會認識他。直到我大學畢業後在八里聖心女中當軍訓教官，從周刊上得知基隆有個聖心高中，後來才知道，這個聖心是他創辦的。

　　剛來聖心時，正好是姚神父胃癌治療告一段落回來，我還沒有來聖心以前便聽說他的病情很嚴重，而姚神父在學校就是靜養為主，比較少外出。其實我蠻怕與老人家相處的，我在聖心服務了一年，心想來聖心這麼久不去見神父真失禮，才去找神父拜碼頭。

　　最初他講的寧波話我聽不太懂，慢慢熟了才跟神父常打招呼，神父還會挑剔我的穿著不像修女，甚至要出錢讓我做衣服，叫我要穿得像修女，但跟我講了很多遍沒用就再也不管我了。

二、姚神父的創校理念與實踐

　　姚神父曾告訴我，當初他一升神父就當上一個小修院的院長，共產黨來時他沒有離開，直到共產黨開始鬥爭之後才逃離，臨走時他母親給

他一把竹傘，將金子藏在傘骨架裡，但是在逃難過程中遺失了，很辛苦的才逃到大陳島。當時靠著在羅馬的施森道蒙席每個月寄點錢給他，輾轉來到臺灣。

　　我聽別人說，那時候來臺的神父、修女很多，臺北教區的總主教窮於應對，因此由梅冬祺神父前往接待姚神父，梅神父在碼頭看他這麼冷的天只穿件襯衫，便把自己母親親製的大衣給他穿，這段故事很多人知道。

　　後來姚神父見到郭若石總主教，總主教因臺北已無空缺要他到基隆去傳教。一段時間以後，他即向總主教提議各出八萬元買地建教堂，總主教應允後他也籌得八萬元，但總主教仍然無法支付剩餘的八萬元，最後是他向教友募捐另一半的款項，可見他募款與經營的能力。姚神父的家庭背景很好，也應該有寧波人擅長做生意的頭腦，但是他的心思都不在那裡，他一心只想傳福音。

　　聽說姚神父一創校便開始講道理，但是因為一口寧波話，當時基隆都講閩南語，彼此語言不通，老師們都聽不懂，多虧當時有一位女教官，她聽得懂寧波話，便請她在姚神父講道理時由她幫忙翻譯，每個道理班她都在旁邊翻譯，後來姚神父便收她做乾女兒。她受訓後分發就到

聖心當教官,在這個學校待了二十年,也是在這邊認識池校長並結婚,她比我更加了解姚神父。

姚神父創辦這所學校,當然希望傳播福音,但是他一個人力量有限,他曾說自己的工作就是傳福音把老師找來聽道理,他負責講道理,至於校長的行政工作就交給老師們來做。我曾經看見一張八十五學年度的課表,一週的上、下午時間都排滿了慕道班,姚神父將學校老師都找來聽道理,也由於他這樣的辛苦付出,聽說當時學校內很多人都領洗了。

我們學校有教職員彌撒,在幼稚園、小學到中學各有一臺。但行政人員都不是教友,所以在我之前服務的修女,必須在彌撒前三分鐘講道理,然後由神父做彌撒,領聖體。我到聖心服務仍循此慣例,由狄主教與姚神父兩人共祭。後來姚神父要求我開慕道班,將行政人員也找來聽道理,但是效果不顯,於是在我之後由姚神父接任,再換狄主教繼續開慕道班講道理。只是傳播福音仍然很困難,這樣的情形也讓姚神父很難過,我曾提議,先把老教友集合起來,但姚神父仍堅持開新的慕道班。當時學校參加彌撒很有趣,參加彌撒幾乎都是行政人員,但校長、主任都不是教友,由我負責講道理,領聖體的也只有我和一兩個教友而已。後來有老師建議將彌撒合在一起,但如此一來,原本參加中學彌撒的人

認為小學的會來參加，參加小學彌撒的人認為中學的會來參加，所以反而參加者漸漸減少。

　　我曾聽說，姚神父總會在學校隔壁的教堂主日彌撒時點名，所以大家都會去，但後來神父不去了，去的人也就減少。姚神父辦校，並且願意花那麼多功夫，找那麼多人聽道理和領洗，實在不容易。姚神父給那麼多人講道理和領洗以後，還要陪伴他們成長，更加地不容易。

　　針對學生傳播福音和信仰的部分，在小學部並不容易。我上宗教課時會儘量告訴學生們聖經與舊約裡的故事，讓他們在心裡留下印象，等他們長大以後再自己選擇是否要接受這個信仰。

　　幼稚園每年遇有大型活動，我就會帶著學生去找姚神父。例如萬聖節時姚神父就會在房間裡擺糖，同時對學生們進行機會教育。在學生看到他房間裡放著兩尊聖母像，姚神父會對學生們說：「各位小朋友，你們在家最喜歡誰？」學生常會回答：「媽媽」。姚神父這時會再問：「那你們是不是也喜歡聖母媽媽？」隨即教學生要念聖母經。對此，我內心其實感到慚愧，一直以來都只告訴學生們耶穌的故事，很少提到聖母，所以當下也會提醒自己，姚神父跟聖母的關係很深，而我是慢慢才跟聖母有所連結，所以有種被姚神父點醒的感覺。

　　學校在高中與小學部分曾經辦過晨禱和祈禱，是由當時為新教友的訓導主任帶領，現在好像沒有了。所以學校要促成一種信仰的氣氛，我覺得不是那麼地容易，可是從另一個角度講，這又是很大的一個園地，應該多一些人投入才是。

三、姚神父在校軼聞

　　由於姚神父很好客，在每次彌撒後常找我們一起吃飯。一開始我會以趕回會院為由，很少去用餐。而其中一位越南籍的黃金晟神父常來幫忙做彌撒，有時都會留下與姚神父和狄主教一起吃飯，狄主教總是照顧得很殷勤，幫忙夾菜。不過漸漸地黃神父也很少留下來吃飯，直到有天早上黃神父在做完幼稚園的彌撒後，昏倒在路邊，我才知道原來黃神父一個人住在基隆的本堂，三餐很省因此有些營養不良。於是我向姚神父請求，在彌撒後約黃神父一起留下吃飯，也得到神父的欣然同意。餐桌上的談笑氣氛，使得我們經常用餐時相當愉快，而廚師阿慧也會多煮一些肉類食物，並且多準備一些讓黃神父帶回去。

　　姚神父儘管善於理財經營，但自己在生活上很節儉，對待他人則務求周到不失禮數。例如：狄主教住在聖心時正逢八十歲生日，姚神父

便為他宴請眾人慶生，但他自己卻不過生日，因為姚神父說：「我認識的人太多，擔心自己慶生忽略邀請某人，對人失禮，所以自己就不過生日。」又譬如說，姚神父晚年生病需人照顧，他選擇請較為便宜的外傭照顧，而非本地人。儘管與外傭之間語言不通，卻能在彼此相處之後使外傭領洗，甚至影響外傭一家改信天主教。而神父雖然自奉甚儉，但看見狄主教剛從國外回來，出入經常需要搭計程車，於是便買輛汽車供狄主教代步之用，並聘請已經從聖心離職的陳銘鴻老師擔任狄主教的私人司機。

四、聖心歸屬輔大討論期間的謠言風波

當年說風就是雨的傳聞聖心要和輔大合併一事，輔大對於聖心的要求是，校內老師必須是合格教師。造成校園內因此人心惶惶，當時有人問我對於姚神父將學校給輔大有什麼看法？我只告訴她，我年輕時曾聽說姚神父說他老了或死後，要將學校交予聖教會。當時那人回我：「姚神父其實可以把學校賣給基隆二信。」我回：「姚神父不會的，姚神父只是想把這裡作為教會學校保留。」怎麼知道這段對話最後卻變成傳言：「年修女說姚神父不把學校給教區，而是把學校賣給輔仁大學。」

為了這個謠言，某天中午姚神父便在學校樓梯口將我叫住，嚴肅地向我求證謠言，我便向神父澄清。我說：「您曾經提到不把學校給校區，而是要給聖教會」這一句話，再向他解釋，提到「賣」的上下文原意是，有人提議把學校賣給基隆二信，但是我說了：「您不會賣，您要保留這裡作為一個教會學校。」當我解釋完以後，姚神父算是相信我了。

接著他對我解釋起他自己的意思，他說：「我怎麼會賣呢？以前耕莘醫院經營不起來的時候，我去當院長，八年來我一毛薪水都沒拿。你看，我在學校這邊錢夠用了，對不對！我都沒有拿耕莘的錢，我怎麼會賣聖心呢！」

那天下午彌撒之前，我在聖堂想起，幸好姚神父親自向我求證，如果直接打電話到修女院指責我，後果會非常嚴重。於是我馬上到更衣所去，碰巧遇到姚神父與狄主教在談話，我對姚神父說：「神父，我謝謝您信任我，您是先問了我。」對狄主教說：「狄主教，我發誓我沒有講過這些話！」狄主教對我說：「修女，謠言止於智者」，就過去了。但我心裡仍然感到不舒服，隔了幾個月，我想應該告訴姚神父是誰告訴我「賣給二信」的事情，姚神父卻以充滿智慧的眼睛看著我說：「修女，我已經老啦！我都忘記啦！這事情我忘啦！」

五、感念姚神父

姚神父的心地善良，對生病的人們充滿同情，總是希望盡己所能的幫助他人。以前臺北教區有一位離開的修士，本來眼睛就不是很好，後來生活更加困難，得了癌症住院。我原想找狄主教幫一點忙，因狄主教不在，便向姚神父報告，希望姚神父代為轉告主教。我才告訴姚神父這位修士的困難，姚神父馬上站起來走進辦公室，取了兩萬塊給我，要我轉交給修士時只告訴他是姚副主教給的，回來以後既沒有收據也沒有向姚神父交代，但姚神父對我完全信任。

後來金毓瑋神父得了鼻咽癌，金神父的治療是化療與電療一起，所以很辛苦。狄主教和姚神父去探望他回來後，我剛好有機會在姚神父那裡吃飯，姚神父看起來很難過，為了轉移姚神父的注意力，讓他不要想金神父的事情，我告訴他得癌症的人很多，提起有位涂修女也得到大腸癌，姚神父一聽到後就開始掏錢，我不願意再拿他的錢，就告訴他：「神父，我覺得我好像騙子，我常跟您講誰生病了，您就馬上給我錢，我不是騙子嗎？」姚神父說：「妳幫別人說，妳不是騙子，如果妳告訴我妳生病了，那妳就是騙子。」知道姚神父非常堅持，我只好收下，並

替修女感謝姚神父。

　　將錢轉交給涂修女時，正好我也檢查發現得了癌症。當時是聖誕節前夕，確定我得了癌症後，便向池校長請假到醫院準備治療，並請池校長一定要等到聖誕節過後才能告訴姚神父我得了癌症的事情，我希望姚神父過一個快樂的聖誕節，不要為我難過。但池校長很快便告訴了姚神父，姚神父很著急的要找我，我才在開刀之前回到學校探望姚神父。當時在校門口遇到了一位學校老師，準備好一個紅包給我，說是代表全部幼稚園師生祝我早日康復。我想婉拒，但她卻說這是神父執意要這麼做，不能拒絕，我也只好收下。中午與姚神父吃飯時，姚神父又拿錢給我，表示這是他個人的心意，於是我告訴姚神父：「今天早上我離開家之前，院長已經交代不能拿姚神父的錢。」但姚神父還是非常堅持，停了一會兒，要我回去告訴院長：「創辦人說一定要拿。」

　　我生病那段時間，姚神父總共給了我十萬元，應該是姚神父知道我家境清寒，而他一聽到有需要幫助的人，便會立即想要幫助他。我很慶幸在姚神父生病住院前的最後一段日子，我曾經到學校去探望過他，沒有留下遺憾。

張素治修女
訪談錄

訪問：楊善堯

記錄：宋欣恬

時間：2015年1月19日10:30-11:30

地點：天主教輔仁大學宜真宿舍

張素治修女
訪談錄

一、進入聖心服務的緣由

　　我在臺灣已經四十多年了，第一個服務的地方除了醫院以外，是在嘉義奮起湖的山區。之後我在輔仁大學的健康中心當護士，後來又回到山上，然後才到了基隆聖心小學的健康中心當護士，在聖心服務的期間也帶小學三年級學生的道德規範課程。另一方面，我在本堂也帶領青年會，我們常聚會一起陪伴他們。我很喜歡在聖心，尤其是跟小朋友在一起，還有跟基隆的教友、青年朋友在一起。我在聖心前後待了將近十年的時間，剛到學校時，姚神父的年紀已經大了，所以我也是聖心的末代修女。

　　我不記得自己是什麼時候到聖心了，印象中當時任若芙修女在基隆，後來她被選為聖神會省會院的院長，要離開基隆回到新竹。她認為聖心需要一位護理人員，我們的修女看到很多小朋友有需要，因為我有護理執照的關係，她就把我拉過去聖心了。所以我是接著她進去學校，之後便在聖心待了十年，最後我們修女全部撤出學校後，之後就再也沒有新的修女進來。

　　我到聖心的時候，起初是張淑賢修女當校長，但只有一兩年的時間

並不是非常久，所以張修女當校長的時候我倒沒有太多的印象。我是聖心小學專職的護理人員，所以我大部分時間都在聖心小學，而假日也是本堂的修女，同時負責陪伴青年教友的青年會，後來也幫忙在高中部同學一起陪伴他們。

當時的保健室在現在的會議室，孝親樓升旗臺那邊的二樓，不過學校的小朋友有事都習慣到修院按鈴去找任修女。以前聖心好像很多年都沒有真正的護理人員駐守，我去了之後，當然我們就有了護理人員。一方面我跟校外有多的聯繫，我們有參加校外的一些活動，小朋友的預防接種也納入正軌，所以衛生局也會來做接種，還有健康檢查。比如說小朋友的齲齒，在那時候已經注意到小朋友這方面的需要，還有小朋友的體重，差不多一個月，後來是兩個月來量一次體重，如果體重超過太多，要告訴他們多注意自己的體重，所以後來在這方面會比較注意，也協助小朋友減重。

在我之前還有好幾位修女也是護理專業出身，但是主要是協助早期診所的業務，我不清楚如果小朋友受傷時她們會如何處理，因為從診所關門一直到我在校任職中間有經過一段的時間，在我之前的任若芙修女雖然是護士，但她並不屬於學校內的編制，學生有事情才找她，所以她

那時候才認為需要有專業的人專職負責，才叫我過去。高中因為有護理老師，他們會找護理老師，其他像幼稚園有需要也是找我。

二、在聖心服務期間的特別經歷

有一次可能是老師出作文題目，問小朋友：「你們在學校最喜歡哪個地方？」我們學校有個小池塘，那邊有個聖母像，我們每天都會排一班的同學進行早晨的祈禱，我會帶著他們在那邊唱唱聖歌、做祈禱。所以小朋友便回答老師，他們最喜歡的就是那個時間，那是他們在學校裡最值得懷念的，所以他們要求說可不可以多安排一點。可是我們有二十四班，一個學年每個早上只能排一班，然後他們還有升旗典禮，所以一個學期大概只有一次的機會，學生們就覺得次數很少。

記得我們每次要出外旅遊時，我也會帶他們去小池塘的聖母像那邊做禱告。我記得有一次早上，我們要出門的時候下大雨，所以無法在外面做祈禱，我就透過麥克風跟小朋友做祈禱。我說：「小朋友，外面下好大的雨，我們大家要同心合意的做祈禱，讓天主幫忙我們有個好天氣。」我記得那次是到新竹關西的六福村遊樂場，我們到那邊的時候還在下雨，開始發給每人一件雨衣，結果等到我們把雨衣穿好了，下車排

隊準備進去時，太陽就出來了。這件事讓我真的印象很深刻，小朋友的祈禱，天主一定會聽到。

我來學校時已經離姚神父創辦學校的時間比較遠，而我所知道的是，那時候姚神父還有丁爺爺為了募款真的很辛苦。姚神父他隻身來臺也沒有錢，所以我們聽說姚神父在走廊上常常就在祈禱和唸玫瑰經，然後張淑賢修女就說：「神父你是不是說天主啊，錢啊，天主啊，錢啊。」結果就收到一些國外的資助，他們奉獻錢來蓋小學。

那時候德國有一個MISEREOR福利機構，專門幫助外國一些比較貧窮的地區。我知道那時候MISEREOR有援助學校蓋兩層校舍的經費，可是我們的丁爺爺可以把這筆經費蓋成四層樓，原因是他自己監工自己買材料，讓MISEREOR覺得這個學校很好，下次再申請就繼續提供援助。

三、聖神會修女撤出聖心的過程

姚神父真的是一個很慈祥的老人家，我記得我被正式派到聖心的時候應該是冬天，姚神父找了總務主任丁仁江先生說要買一些東西來歡迎我。我剛去的時候聖心一共有三位修女，一位是從曙光小學校長職務退休後到基隆服務的張萃文修女，還有張淑賢修女，然後是我。所以從那

個時候學校的人才會叫我小張修女，大張修女是張淑賢修女。但其實更早之前還有一位張茂貞修女，她是年紀最大的，她與另外兩位彭志義修女與孫炳善修女，他們三位是第一批被派到聖心服務的德國籍修女。孫炳善修女是負責診所，那時候我還沒成為修女，還在聖神會聽道理的時候，彭志義修女就是跟我講道理的老師，所以我聽過她們的事情。呂薇修女跟雷華修女應該是第二批，之後是吳淑景修女、張寶華修女還有沈恩愷修女，再來是張淑賢修女這一批，另外還有任若芙修女、陳惠姬修女，我則是最後一批來聖心服務的修女。我們其實以前走的話，不是一批一批離開，而是一個離開一個來遞補，將近四十年來，大約有十幾位修女前後到過聖心服務。

在我來聖心之前已經在學校服務的兩位修女，舒厚德修女與張淑賢修女因為年紀都大了，她們那時候已經比較沒有體力，沒有辦法再負擔工作，但如果她們離開學校的話將只剩下我一個人，所以修會在考量後，在民國90年就把我們一起調離了聖心，結束了聖神會修女在聖心服務的階段。我們聖神會的修女一共在聖心服務長達近四十年的時間，算是接班制，我是來聖心服務的末代修女。

張淑賢修女在小學擔任校長是因為年紀大了她才卸下校長職務，可

是她仍然是幼稚園的園長。因為小學需要比較年輕的人推動。儘管教育部要求學校要由專業且正式的老師或是行政人員管理學校，而不是由教會的人員來管理，但並不是所有神職人員都退出。像是姚神父並沒有退出學校的管理工作，因為他是創辦人，所以他一直在學校，部分的修女也許有這樣的原因，所以離開小學到幼稚園，但我在學校是一個合格的護理人員，所以一直留在小學直到離開。至於其他部分，因為我不負責行政，所以不清楚。

　　當時修會決定要修女們離開最主要的原因是舒厚德修女與張淑賢修女兩位年紀大了，修會在新竹的女中也需要人，所以便調我離開基隆到新竹曙光女中。一起離開的舒厚德修女後來就回德國了，她跟張修女待在聖心是最久的，我年資十年算是少的。

四、對於姚神父的看法

　　在我到聖心之前對姚神父的認識並不多，只知道有這一位人物。在到聖心之前，偶爾我們也會到基隆去，那個時候我們修會的德國修女多，德國修女回來避靜的時候，我就會去聖心支援一下，沒有人我們就去看家。

　　我到聖心的時候也已經是姚神父晚年，他晚年多在開道理班，跟老師或職員們講道理。當然他是學校主要的管理者，學校重大決策都要經過他。在我去聖心之前他已經生病了，他生病時我還沒去基隆，但曾聽到他生病時候的事情。而到聖心以後，姚神父已經卸下工商校長的職務，交給施宜材校長，耕莘醫院也沒有去、輔大那邊也沒有去了。當時他就是回到學校，以創辦人的身分在管理學校。除此之外，姚神父也是基隆聖心本堂的神父，但我到聖心沒過多久後他便卸下本堂神父的工作。有的時候姚神父會常常到修院來，他最喜歡在我們吃飯的時候來，因為我們大家都在，他老人家都比較早吃飯，吃過以後就過來跟我們閒聊一下。

　　姚神父晚年要比早期和藹多了，聽說早期修女們都因為他對人很嚴格而很怕他，像是張淑賢修女常常都被他罵哭。但晚年時我覺得他很可愛，連小朋友都不怕他。我記得有一次，神父宿舍的門口種了一棵金桔，過年時都會結很多的果實，但是有一陣子姚神父覺得奇怪，怎麼這棵金桔樹每天都會少幾顆。後來有一次他看到一個小朋友走過去採了，姚神父喊他，然後小朋友看到神父就跑跑跑，跑了幾步以後還敢回頭給姚神父扮個鬼臉。從這點就可以知道姚神父晚年的時候非常和藹，連小

朋友都不怕他，所以那時候小朋友都稱他「神父爺爺」。

　　姚神父雖然早年很嚴格，幾位早期來聖心服務的修女們都很怕他，但他真的很可愛，像是他可以罵修女，但別人不可以說修女，所以他也很保護我們和照顧我們。記得我們那時候，從幼稚園、小學、國高中，還有夜間部的畢業典禮，我們幾位修女一定會參加，學校內有任何的活動和展覽，姚神父都會問行政人員：「請修女了沒有？」所以從這一方面來看，他對我們真的非常照顧，這也是教友們跟我們講的。

　　我們過主保時（在領洗時取一位聖人的名字，也就是以他為榜樣，教會所訂的日子），姚神父最聰明的就是拎著雞、魚、蝦等食物給我們，然後張淑賢修女還會額外有兩個豬耳朵，意思就是你要好好聽話。張修女也對姚神父非常尊敬，因為她跟他的時間最久，從一開始到擔任小學校長的職務，後來又是幼稚園園長，所以她跟神父有比較多的接觸。因為我是護理人員，所以學校這方面業務相對單純，比較多是直接跟學務長聯繫或是小學校長，所以跟姚神父在工作方面的接觸比較少。

　　我們離開聖心以後，有事沒事仍會找機會去基隆看神父、看教友。我們每次去，神父總會問：「中午留下來吃飯嗎？」姚神父真的在這一方面很客氣。我們最後一次到基隆是聖神會的所有修女一起去，包含不

認識姚神父的修女也一起過去，我們一起去基隆看姚神父。那時候姚神父有兩個照顧他的人，可見他那個時候身體是多麼的虛弱，但他還是陪著我們到外面餐廳吃飯，讓我很感動。

我覺得姚神父創辦聖心最大的一個動力就是源自於他的信仰，他的信仰帶領著他。他也看到了早期臺灣需要教育，來幫助我們的青年，所以他先辦了教堂，然後辦了學校。而他一直有想創辦從幼稚園到大學整個教育系統的理想，但因為很多因素而無法完成。所以他大力支持輔仁大學創辦醫學院，甚至之後把他創辦的學校整個交付給輔仁大學，也算是圓了他的夢想，成就一個完整的教育體系。當時輔大作為教育機構，經費沒那麼充足，而且需要相當大的一筆經費才有辦法成立醫學院，所以最初成立時還不是現在醫學院，一開始是先從護理系跟公衛系辦起，後來在姚神父的幫忙募款之下，醫學院才得以成立。

五、神職人員在聖心的影響

小朋友在這麼小的時候，我們不會去引導他們的信仰，但小朋友跟著家長一起聽道理和受洗，這個倒是有，可是我們不會單獨給小朋友受洗。我們從小學一年級到六年級，共由三位修女負責小學部分的道理

課程，舒厚德修女是一、二年級，她會從聖歌讓他們接觸到天主教的信仰；我單獨負責三年級；張淑賢修女則是負責四、五、六年級。這樣的宗教課程，其實小朋友他們都會接受。

　　我還記得有一次我跟我們修會的修女一起去花蓮拜訪前主教，在從花蓮回來基隆的火車上，因為那班火車上面人不多，然後我們看到一對爺爺奶奶，帶著一對雙胞胎在離我們不遠的地方坐著，原先我們也沒什麼理他們，但後來我聽到他們在唱耶穌愛你，我聽到後就過去問他們：「小朋友你們是讀哪個學校？」他們說：「我們是讀聖心幼稚園」，小朋友很聰明，想要引起我們的注意時知道唱這首歌我們就會注意到他們，不然可能我原本並不會特別注意。所以其實這些課程多少都會影響到小朋友，在他們心中都有一位可以跟他們祈禱和跟他講話的人。因為孩子還小，給他一些正面的東西，他們都會吸收，會留在他們的記憶裡面，這是教會學校的特色。

　　姚神父在學校開課時，會詢問校內有沒有人要報名，不管小學、國中、高中的老師或職員都一樣。像是王美玲老師，我在學校的時候她就已經在聽道理了，謝莉娜也是，她現在已經退休了也在本堂幫忙。另還有簡杰士老師一家人，姚神父到他們家去講道理的時候，他的第三個小

孩都還在媽媽肚子裡面還沒出生，而且他們不只是進堂，後來簡老師即使沒有留在學校了，但他們的信仰依然沒有動搖。他的妹妹也在聖心，那時候我知道他帶著太太和孩子們，全家一起聽道理，我很佩服這個家庭，他們是出自於誠心而不是因為某種因素才接受天主教信仰，並且也把這樣的信仰傳給了孩子。像簡老師這樣的情況已經不多，可是聖心有不少教友家庭，本來因為只有爸爸或媽媽是教友，後來在學校認識另一半後，兩個人就在教堂裡面結了婚，等到孩子出生了以後自然就受洗了。所以其實在聖心有好多小朋友是從幼稚園到高中的成長階段，都是在聖心度過的。

　　學校的老師們有時候開始聽姚神父跟他們講道理之後，他們就想要多認識一點天主教，所以才會啟發姚神父開道理班給老師們來聽。其實這樣最主要是為了給老師和職員們有規律地講解天主教的要理，然後接受洗禮。這是針對大人的部分，姚神父會這麼做。那時姚神父每個星期也都開道理班，聽道理持續至少一年以後，之後姚神父便會詢問是否願意領洗。姚神父的道理班一直到我離開聖心的時候還是持續地開，姚神父也一直講道理講到他不能說話為止，當時在聖心接受領洗的人應該也不少。

賀紹欽神父
訪談錄

訪問：楊善堯

記錄：宋欣恬

時間：2015年2月12日11:00-12:00

地點：臺南市碧岳牧靈中心

賀紹欽神父
訪談錄

一、與姚蒙席的淵源

姚蒙席的老家在溫州，我老家在紹興，我和姚蒙席的淵源是從我的哥哥賀紹聰開始。我的哥哥大我六歲，大姚蒙席一歲，他和姚蒙席一起在寧波草馬路的保祿大修院裡面學習，我哥哥高姚蒙席一屆，在當上神父以後就到餘姚傳教，姚蒙席剛升任後神父也到餘姚去，他們有三到五年的時間在一起，兩人算是難兄難弟，彼此感情不錯。

我的哥哥後來做寧波主教，改名為賀親民，親近民眾的意思，民國38年共產黨來了，也說宗教信仰自由，所以為了傳教工作他就一直留在寧波傳教沒有離開。後來在文化大革命的時候被抓到寧波酒廠進行勞改，隔了幾年後才獲得平反。兩岸開放後，我跟哥哥還有保持聯絡，但他後來在民國93年時過世了。

我最初也在保祿大修院學習，當時雖然認識姚蒙席，但並不算熟識。後來讀到一半修院關閉了，我便跟隨大家到當時的總修院，嘉興大修院去學習。我到嘉興以後跟姚蒙席就沒聯絡了，直到民國60幾年，我到基隆聖心服務時，才跟他變得比較熟。

民國45年，我從嘉興到義大利去念書了。後來教廷決定在臺南、高

雄與新竹三個地方成立教區，羅光主教當時在義大利，知道我們一些離鄉背井在義大利念書的神父，便邀請我們前往到臺灣。當時一起來的有五個人，除了我以外，還有後來輔仁大學的校長李震蒙席以及後來當上臺北教區總主教的賈彥文神父和另外兩個人，我們是第一批到臺灣，一到臺灣後我就到了臺南教區當神父。我不知道姚蒙席怎麼會知道我到臺灣，當時他先得到臺南教區成世光主教的同意後，才邀請我到基隆聖心去當會計主任，因為他想找個自己認識又可靠的人，所以便找了我兼任中學和小學的會計主任一職。

當時學校的其他行政工作我都不用管，只管錢就好。但是學校內有關傳教的事務，像是在教堂聽告解和幫忙做彌撒等，當時這些工作我也都有幫忙，都是義務性的，沒有支領薪水。但姚蒙席是很大方的人，常常時不時地就會一些拿錢給我。

二、學校創辦的緣起與經過

姚蒙席曾跟我說過，民國52年他剛到基隆時很辛苦，是從雲源巷一塊小小的地方開始傳教。後來到聖心買地也不容易，當時西定路附近只有現在學校這裡有塊完整的空地，後面又有個小山坡可以往上發展，但

是這裡原本是軍營，還有火藥倉庫，是多虧蔣仲苓將軍幫忙才能從軍方那裡買到地。

　　我當時到聖心的時候，學校內的工程大樓已經在了，對面其他校舍還沒有蓋，後面的房舍也都還未興建。而姚蒙席在工程這方面的知識非常厲害，不管是設計或工程各方面他都了解並且實際參與，就這樣，建起了聖心校園內的每一棟大樓。姚蒙席住的那棟神父宿舍裡面有十間房間，布置得很漂亮，當時我跟黃金晟神父就一起住在那裡。黃神父人很好，又肯吃苦耐勞，姚蒙席也很大方地願意在很多事情上幫助他。而且當時狄剛主教也在，經常是「狄剛主教請客、姚蒙席買單」。

　　因為我是學校的會計主任，姚蒙席需要錢時就找我取用，但他在外面募款的情況我並不是清楚。當時學校經費來源主要是學費，尤其是幼稚園的學費收入，那時候聖心幼稚園的地方大、設備好、伙食也很好，即使學費高還是很多人來念，所以幼稚園學生很多，最高峰時曾有兩、三百人，大樓裡有兩層都是幼稚園，後來因為少子化關係學生才愈來愈少。而小學跟工商的學校經費因為都必須在政府規定的收費制度之下辦理，只有幼稚園沒有這樣的規定，因此幼稚園是聖心最賺錢部分。

三、姚蒙席的臨終遺囑

　　我到基隆以後便在聖心任職到退休，政府規定六十或六十五歲便可以退休，不過當時我要退休時已經七十三歲了。退休後，就回到臺南碧岳牧靈中心靜養。

　　記得我退休的時候，狄剛主教還沒搬到聖心來住。想當初，姚蒙席請狄剛主教到聖心時，狄主教、姚蒙席、我、還有黃神父一起為學校做了很多事情。後來姚蒙席退休後生病在耕莘醫院治療的時候，我曾回去看望過他，最後一次回到聖心便是姚蒙席過世以前。當時我回到聖心的神父宿舍，工友阿惠告訴我姚蒙席快過世了，我才急忙前往耕莘醫院探視。

　　姚蒙席過世那一天，病房裡面有他中國大陸來的親戚照顧，我們在旁邊為他祈禱。臨終以前，姚蒙席讓我為他寫遺囑，一式三份，共有三個信封，一封交給狄剛主教，姚蒙席的財產讓狄剛主教作為保證人及管理人，有關財產部分必需要問狄剛主教；另外有一封是給中國大陸親戚的私人書信；還有一封是給人在羅馬的施森道蒙席，他們以前是同學，但他在羅馬教書無法回來。當天晚上呼吸器停止跳動以後，姚蒙席便過世了，我們一起為他送終。

　　有關聖心捐贈給輔大的事情，姚蒙席並沒有在遺囑中有交代，就如姚蒙席曾說過要給我一個養老的地方，實際上並沒有。但神父確實是要把聖心交給輔大的。聖心在基隆，姚蒙席又是臺北教區的神父，後來卻把聖心交給了輔大，因此臺北教區當時或許不甚高興，但也是情有可原的。

　　姚蒙席在我眼中是個有愛心、富有同情心的好神父，只要他人有困難他都肯幫忙，他做的事情太多了。我不清楚他自己覺得辛不辛苦，但是他辦學校也好，辦醫院也好，大家都喜歡他。他也很喜歡聖心的學生，都說：「學生很好，學生不好打自己的嘴巴」，所以在學校時他也常常在校內巡堂，到教室看看學生上課的情況。

　　最後，祝輔大聖心校務昌隆，天主保佑。

梅冬祺神父、李玲玲修女
訪談錄

訪問：楊善堯

記錄：宋欣恬

時間：2015年1月19日14:30-16:00

地點：財團法人臺灣明愛文教基金會

梅冬祺神父、李玲玲修女
訪談錄

一、李玲玲修女談梅神父與姚神父的初識

梅冬祺神父與姚宗鑑蒙席兩人之間最為讓人津津樂道的一件事，就是梅神父與姚蒙席初次見面時，梅神父送給他一件風衣的故事。

民國41年梅神父來到臺灣時，他的父母送他上船，因為他們沒有想到臺灣很熱吧，想說應該跟歐洲一樣，所以就給了他一件黑色的大風衣。那件風衣有三種顏色，就是比利時國旗的顏色，所以我每次一拿，要幫他披在身上時，梅神父總是說：「你要小心點，那是我國家！」那件風衣是梅神父他父母親給他做紀念的，因為那時候從來沒有傳教士可以再回去的自己的國家，所以是滿珍貴的一件衣服。

姚蒙席來到臺灣的時候正好天氣很冷，他入境時因為沒有身分證明，所以從船上下來以後，都得調查清楚身分背景才會放行。那時候海關問姚蒙席有沒有認得船上的誰？但他誰都不認得，他是從老家一步一步逃出來的，所以再問別人也不認識他。海關擔心他是有問題的人，可能要有遣送回去的打算。但那時候姚蒙席就告訴他們，自己是天主教的神父，所以基隆那邊就打電話來到天主教會的主教府來詢問。當時是郭若石神父擔任總主教，而梅神父是郭總主教的外文秘書。聽到這樣的情

況大家也不清楚是怎麼回事，那時大家都要很小心，所以就派了梅神父
去基隆看看到底是怎麼一回事。

　　姚蒙席講的都是家鄉寧波話，很少人聽得懂，他的國語也很少人
聽得懂。而梅神父也是剛來臺灣，所以國語不見得好到哪裡去，當時兩
個人見面時是怎麼溝通的呢？他們就開始講拉丁文，因為他們兩人都會
拉丁文。梅神父當時正好也在陽明山上的主徒會初學院，就是郭總主教
的修會教拉丁文和哲學。當時他去基隆看姚蒙席時，他的情況有點很可
憐，是被安置在招待所裡，但所謂的招待所，其實就是看守所。他去探
望姚蒙席時，兩人在用拉丁文溝通，這時感到終於有人可以跟他溝通
時，姚蒙席高興得不得了。而梅神父一看他那時候在寒冷的冬天裡只有
穿著汗衫褲頭子，就是一副難民的樣子，馬上就把自己身上的大衣脫下
來要他穿上。從此以後，姚蒙席永遠沒有忘記那件衣服，那件衣服他也
不肯還給梅神父，他覺得真的很寶貴。就這樣，梅神父跟姚蒙席之間就
建立起一個永遠的友誼。

　　後來梅神父曾經用比較輕鬆的方式跟姚蒙席提過，想把這件衣服要
回來，可是姚蒙席從來不跟他談這個，認為那件風衣就是他的了，結果
後來我聽說姚蒙席的家人來的時候，要把這件衣服帶回去，在姚蒙席的

家鄉也有他的紀念館，所以這件衣服也就跟著過去他的家鄉了。

梅冬祺神父是雷鳴遠神父的弟子，他當時一邊是郭總主教的外文秘書，另一邊也是新莊聖保祿天主堂的主任，那時有一位法國來的修女在新莊本堂幫忙他傳教。可是很快的郭總主教就把他調去教區做全職秘書，然後到修道院教拉丁文，所以梅神父就是在任秘書的時候和姚蒙席成為好朋友的。

記得梅神父六十歲生日慶祝會時，姚蒙席堅決地說：「誰都不可以付錢，由我來請客。」我們在明愛會的小堂裡面獻彌撒，就在旁邊的天成飯店吃飯，都是姚蒙席請的客，梅神父永遠不會忘記姚蒙席。民國67年初，美國明愛會希望臺灣明愛會能夠在有很多難民漂流到臺灣來時，是不是可以由我們臺灣的教會來接待。當時的賈彥文總主教在知道這件事後，因為梅神父在語言方面溝通無礙，很容易跟國際其他平臺接軌，就委派梅神父來做這項工作。當時我們到基隆港口去，跳上他們的商船和貨櫃船，去把難民接下船來，那時候看到那些難民只有汗衫褲頭子的穿著，又讓梅神父想起，十幾年以前，姚蒙席也是這樣上岸的。

齊見賢神父和梅神父曾經是替教會管理財務的，我記得齊神父有一次跟我說，教會裡面有誰要向他借錢都是不容易的，因為做總務的人

更要小心。但是他講了有兩個人來借的話是沒問題的，其中一位就是姚蒙席，知道他就是有借有還，不會拖欠。齊神父也很佩服姚蒙席，知道他這樣做一定慢慢地會有回饋的。像是現在整個半山都是聖心學校的校地，那都是姚蒙席一點一點累積下來的，從幼稚園、小學到中學。

姚蒙席真的是一個傳奇人物，他真是從空手赤拳，就是汗衫褲頭子來到臺灣，什麼都沒有。但他當時看到臺灣的人民，認為未來的臺灣如果要發展，真的是要從教育開始做起。後來基隆變成他第二個家，也真的是慘澹經營。學校剛成立時，姚蒙席也講過那個時候很常發不出薪水來。其實像學校附近的一些菜販和商店都是他的好朋友，有時候知道學校的困難都會讓姚蒙席暫時賒帳，他們都信得過他，因為姚蒙席的信用是非常高的。例如有一次姚蒙席曾經跟梅神父借過錢，梅神父自己都忘掉了，但姚蒙席仍堅持欠他的一定要還。

姚蒙席知道窮人的辛苦，後來自己的事業起來以後，不用旁人提醒，他每年都會鼓勵聖心的學生們做各種刻苦和奉獻活動，就會捐款過來。施宜材校長那時候也有辦理過捐款給泰北地區做師資培訓的工作，也會特別捐款給非洲的飢餓兒童，每年都固定有一次這樣的捐獻，我們很感恩。

　　其實一件風衣也算不了什麼，結果後來開始了這樣的友誼，兩人彼此間真的是信任，都是為了天主在工作。所以他知道梅神父要做這麼多的事情後，想到的是錢要從哪裡來？他會想到這些，所以常會電話打來說：「我會寄點捐款給非洲的兒童。」

二、李玲玲修女談梅神父與姚神父的互動

　　梅神父覺得，怎麼說他也是一位外國傳教士，能夠得到姚蒙席這樣的款待，認為姚蒙席實在是很客氣。在姚蒙席晚年的時候，我們差不多每兩、三個禮拜就會去找姚蒙席，沒去的時候姚蒙席還會叫人打電話，請梅神父趕快來跟他聚餐談一談，聊聊有什麼問題。梅神父跟姚蒙席是交情比較好的朋友，齊神父跟姚蒙席就不是那麼地熟。梅神父五十金慶時姚蒙席還請他去基隆，在基隆的聖堂裡面為梅神父慶祝。

　　梅神父與姚蒙席兩位都是很含蓄、很謙遜的人。有信仰的人會知道，天主隨時都會幫忙，你看姚蒙席寫的詩便知道，有時他也不知道錢會從哪裡來，講起來好像是天上掉下來的一樣，其實是有很多的恩人在幫助他。所以在姚蒙席的心中，梅神父給的不只是一件大風衣，可能在經費上面也有一些協助。但是梅神父他們認為做完了就是完成一件事

情，認為這是他們的本分而已，自己完成了很開心，並且看著姚蒙席完成自己的工作也很高興。我們看著聖心從一塊小地方，變成現在這麼大規模的過程，也是很感恩。我想姚蒙席他自己也會覺得不是他自己一個人的功勞，而是冥冥中或者有一些人在旁邊幫忙。

當年梅神父本來是要到中國大陸去的，結果沒去成，因為民國38年中國大陸淪陷，梅神父到中國大陸後被共產黨拒絕入境，所以就轉到臺灣來。梅神父是民國41年來的，姚蒙席則是民國42年到臺灣的。

姚蒙席一路走過來真的很辛苦，我可以想像，他從老家逃出來之後，中間到過大陳島，最後來了臺灣，還差點被認為是間諜要把他送回去。幸好他會拉丁文，這也是我們說天主保佑、天主的眷顧，不然那時候他中文講不清楚，浙江話我們也都聽不懂，他每次一講話梅神父也是「霧煞煞」，一句也都聽不懂，所以他們兩位的溝通很多時候就是心照不宣。

我個人在想，當初姚蒙席也只是因為主教給他一個堂區，教育工作就從幼稚園開辦起來了。後來發現可能還不夠，再買旁邊那塊地。他可能不一定有龐大的計畫，他就是逐漸知道還有哪些需要才慢慢延伸出來的。這也可能和他的作法有關係，我看他的回憶錄上寫，曾經想要讓聖

心完成從幼稚園到大學的體系，創辦一個技術大學。在國外已經有上百年歷史的小學、中學到學院，這是很普遍的，他有這個觀念可能是因為他受過國外教育。像在菲律賓、西班牙、美國也是這樣子，你到一個堂區去，看到的都是幼稚園、小學、中學、學院同一個體系下來的。可是他們比較不會發展到大學的規模，大概就是成立兩年或三年制的學院，大學比較不是一個堂區或教區在做的工作。

　　而這樣的教育體系概念，在蒙古的黃旭東主教他也是因為有這種觀念，所以他想要在當地做一個完整的教育工作，他的理想就是發展一個從幼稚園、小學、中學到學院的教育體系，但是缺乏教學的設備。先前在我們明愛會發起「送愛心到蒙古」的活動時，姚蒙席也跑來參加，那時候我們募集到的東西太多了，姚蒙席說沒關係再買兩個貨櫃就好，就這樣子我們把東西送出去了。

　　這個活動的發起緣由，是之前我們遇到一位美國教友，他說正好和美國學校的副校長吃飯，席間談到蒙古有些學校沒有桌子和椅子，這位美國學校的副校長說我們學校正好要淘汰五百套桌子、椅子、黑板、餐廳桌等設備。於是就把這些要淘汰的設備，用三個大貨櫃全部裝入一起送過去蒙古。後來由於還有募集到更多的東西，就變成了用了五個貨

櫃才裝完。所以教會的人就是要有信心，要相信天主的眷顧。像德雷莎修女，當時沒有米了，就說好一起祈禱，想不到祈禱完了就有人送一大包米在門口，就是有這種天主造我們的時候，那一顆憐憫之心、惻隱之心，到時候正好就遇上了。

　　當時一開始我們也不知道他們需要的這些物資要從哪裡得來，還在想黃主教怎麼需要這麼多東西。不過姚蒙席那時候是說，他們需要什麼東西我們通通都給，所以像是鉛筆或其他一些文具用品通通送過去。這間蒙古學校是為了街頭流浪的孩子而蓋，在網路上也可以看到，東西到的時候擺在教室裡面，小孩子坐在教室裡面笑得好開心，就是靠這種信仰的力量，所以不管是姚蒙席還是其他神父都是具有信仰的力量，才能完成這些事情。

三、姚蒙席與教會的募款活動

　　我不曉得是不是因為姚蒙席是浙江人，可能寧波那一帶的人都比較會做生意，很有生意頭腦。早期我到羅馬時，開餐廳的很多都是廣東人和香港人，再來就都是臺灣人，再過一陣子，風水輪流轉都變成中國大陸的人。中國大陸的人一開口就是浙江腔調，有寧波的、溫州的人，他

們溫州的一批商人很會做生意，很會經營，可能也是人際關係很好，會讓客人很高興地回去。姚蒙席就是一位很實際的人，不會只是空談和講理念，做起事情來就是一步一步的去落實，聖神會的修女都相信他，知道他是一位講話算話、會教育下一代的人。而姚蒙席也算碰到貴人，聖神會的修女也都願意進去幫忙。

　　德國二次大戰的時候雖然是戰敗國，但他們的老百姓其實是很好的，只是碰到一個希特勒，百姓也是受害者。所以當二次大戰過了以後，他們也是很難過，看整個世界被希特勒弄得亂七八糟，看到有信仰的人或是國家，他們會想到自己之前是怎麼在百廢待舉中恢復的。所以當教會跟政府還沒完全恢復時，便想到那些被摧殘的地方，應該也要盡點心力趕快幫忙，所以開始在他們自己的堂區發起各種募款活動。梅神父跟我們去德國的時後，看他們的一些家庭婦女們，自己用剩下的毛線勾成一條條很漂亮的毯子，他們一塊一塊拼成後再去義賣，賣了以後再將這些小錢慢慢地聚集在一起。我們現在也在臺灣推動這樣子的募款，希望教友們，不一定是有錢的人都可以捐錢，十元、二十元都可以。像那時候的德國就是這樣，一定要有基督福音的精神，我不只幫助我自己而已。

等到德國那邊慢慢成立了這種藉由募款再幫助其他地方的機構後，當有些地方有需要的時候就可以來申請。但他們不希望是個別單位或個人直接去申請，例如他們不希望姚蒙席自己個人來申請，也不希望是耕莘醫院個別的來申請，而是希望這些想要申請援助者，能透過一個全國的機構，像是世界各國的明愛會，統一向德國的慈善機構提出申請案。所以早期我們明愛會成立後，一下子就接到了上百件希望申請的援助計畫，而我們這邊會先開個評估會，評估一下那些申請案是自己國內就可以解決的，我們就自己想辦法去協助申請者解決事情。其他如果像是耕莘醫院或聖心中學所提出比較大金額的申請援助計畫時，就會看申請者寫的計畫內容。

姚蒙席第一次用中文寫的計畫非常清楚，我們很容易翻譯成英文。透過我們將申請計畫寄到德國去之後，德國那邊就會進行審查，像那時候德國的MISEREOR就跟我們臺灣明愛會合作了很久。到了我們國內的情況差不多已經復甦了，德國方面就會提出我們不再幫助臺灣，你們已經可以自立自助了。後來他們看到那時候剛起步的中國大陸，像是有許多中國大陸的申請援助計畫也是送到我們這裡來，希望透過我們送出申請。所以當時像是我們臺灣的明愛會曾經為中國大陸發生過地震或土石

流的地區修築道路，那時中國大陸只不過是城市發展比較好，反觀很多鄉下地方卻是貧窮得很。所以雖然有許多的公路他們的政府修好了，但是從村子裡出來要連接到公路的道路卻還有一、二十哩路都是泥巴路或是坑洞。在評估這些情況後，這時我們就會向MISEREOR申請，讓這一條路可以接上公路，這樣他們的農產品就可以運出來。這種觀念就是一種發展性的協助援助，而不是傳統救急救濟的援助觀念，德國這些慈善機構給了我們很多這方面的啟發。

對於每次姚蒙席提出的申請，德國的MISEREOR都是很相信的，因為知道姚蒙席不是為自己。每次我們在寫計畫的時候，最後也都讓姚蒙席在計畫書上簽名，讓明愛會幫助各區的教會申請經費時，促成很多學校、醫院與啟智中心的起步發展，都是蠻不錯的。當初姚蒙席要和MISEREOR申請經費時，主要是透過沈恩愷修女來提出申請，因為她德文很好。不過向MISEREOR的申請不一定需要透過德國人，像是羅東聖母醫院那邊主要是義大利人在協助，還有其他地方可能是法國人，而聖言會方面則主要是德國人。大家一開始也會像沈修女那樣以私人的管道送去德國，不過最後仍會回到我們明愛會這邊來，還是要由明愛會經評估後再推薦給德國方面的慈善機構，而且不只是MISEREOR，所有國外

機構都會這樣要求。像我們明愛會本身，是亞洲國際盟友會，他們若有收到案件，也會馬上通知各國的明愛會，去了解一下這個案子，他的需要是不是真的那麼多？還是多少就可以解決？這些都是我們的工作。

　　例如臺灣的原住民從花蓮到基隆或汐止這些地方去打工時，我們透過耕莘百達山地服務團這些會去山裡面服務的團體，回來後會告訴我們當地有什麼需要。所以知道很多從花蓮到汐止和基隆一帶打工的原住民都是住在工寮，而工寮是鐵皮屋，小孩子住在鐵皮屋頂上面被熱死了。聽到這種事情時，我們當時就請輔大的學生協助去這些地方調查實際情況，等他們調查差不多以後，提出大概有兩百戶左右出來打拚的原住民有這樣的不良居住情況，再等我們也前往了解情況以後，回來梅神父就開始寫計畫給亞洲的明愛會。這樣子的原住民，他們是工人，出來就是為了讓生活能過得更好一點。我們也看到當地的孩子需要好一點的教育環境，所以讓耕莘山地服務團就前往這些地方幫助小孩子做課後輔導。另外，為了讓他們最終能有一個自己的屋舍，於是我們開始在汐止找適合的土地，等找到土地以後，便鼓勵他們去和廠商討價還價來蓋屋子。建商說他們要負責多少比例，住戶自己負責多少比例，待雙方都談出一個共識後，這時還有欠缺經費的部分再由我們去申請後用無息方式

貸款給他們。後續他們還款回來以後，我們會告訴他們這些錢我們不要收回，而是要款項用在社區裡面的建設，例如替他們買了也是二、三十坪的土地建幼稚園。住宅在蓋的同時，也幫他們培育一、兩位老師，所以社區是他們的，幼稚園是他們的，小孩子可以不用跑到社區以外的地方就可以有念書的地方。這就叫做發展性的協助援助，就是我們在做的工作，國外非常願意看到這樣子的工作案例。現在已經不是只需要吃麵包、麵粉、奶油援助的時代了，在早期是必須的，但階段性的任務完成了之後，就要開始能夠自助發展，所以我們教會在援助這方面的觀念當時是比較先進的。

　　姚蒙席他也是看到，「教育」一定能讓窮苦的人跳出貧窮。我常在想為什麼中國人就是有辦法，很多印度人窮就是窮一輩子，很難翻得了身。很多中國大陸人只要給他一點點的援助自己就能翻身，但是翻身後還是要看道德觀念和倫理觀念，你是不是只為了自己？是不是願意再去幫助別人？姚蒙席雖然在做教育，但他還有一個教堂，我們天主教的優勢就在於我們發展幼稚園。當然一開始的時候還是要向國外要錢蓋幼稚園和教堂，但是很快的，這些孩子的父母在提起各式各樣的需要後，十元、五十元、一百元這種小額的捐款進來了，所以我們教會在募捐是比

較容易一些的，遇到困難只要登高一呼，全臺灣的教會、教堂、學校、幼稚園，通通都會來一起響應。

我們明愛會每一年和聖心的響應活動最好，每次到了復活節的前四十天，我們會跟學校的學生說：「同學們，你們要體驗飢餓，譬如說要體驗飢餓八小時。我們不用像基督教發起的飢餓三十個小時，只要你一天在學校裡面，中餐吃得更簡單，或者是不吃飯只吃一個麵包，全校幾千人省下來的錢就很可觀。」我們去各教堂宣導的時候，也是說：「為什麼有些地方醫院可以為老人做養護中心，就是用我們捐獻的錢去做的。」現在的慈濟功德會基本上就沒有我們這種優勢，所謂的天時地利條件，就是我們有教堂、我們有組織機構，像是基層的堂區、教區、全國的組織。這點他們比較沒有，所以在募款上很辛苦，像他們的基層就是歐巴桑、歐吉桑去募款、做資源回收等，慈濟自己也講過他們能夠生存下來，就是因為這些人努力地在撿垃圾做回收，這也是好的事情。

基本上天主教的教友是中下階層的，開始的時候我們的教友很多都是軍眷，不像基督教比較多是中上階層的人。天主教就是要去服務窮人，所以當初民國38年兩百多萬難民來臺灣的時候，包括姚蒙席在內，都是最窮苦的人。神父們在窮苦人的中間服務，很容易看到眷村裡面有

一個教堂，這些教友們雖然很苦、很窮，可是神父一講道理，說還有比我們更苦的人，他馬上就是十元、二十元就拿出來，這就是一種信仰的力量。

我們現在看著原住民，看到屬於他們的原住民電視臺和廣播電台設置開臺了，其實裡面有很多的人都是我們培訓出來的，一些領導人也很不錯，那時候基督教與天主教一起合作，為他們成立「儲蓄互助社」，到現在各堂區、各學校都有。我們努力用那些媽媽們織衣服，還有打麻將的錢，我們就教導他們儲蓄的觀念，十塊錢、五十塊錢都好，不是奉獻給教堂，而是為他們改善自己生活，所以就叫儲蓄互助社。這樣的做法也是從汐止這邊開始的，當初汐止那邊蓋他們社區就是靠儲蓄互助社大家累積下的錢蓋起來的。

我們鼓勵原住民要開始存錢才願意借錢給他們，一開始並不容易，因為早期的原住民通常不太能夠接受這種儲蓄觀念。所以我們召集了他們的領袖人物，原住民的好處是他們不是基督教徒就是天主教徒，所以既然是信仰基督的人，他們比較知道要克制跟收斂，所以我們傳達這種觀念給他們以後，他們也很認同。但其實是我們也曾經失敗過，像是民國98年的莫拉克颱風發生之前，屏東的好茶村那個村子當初是我們去蓋

的，也是同樣也是用這樣程序，先儲蓄然後借款、興建。可是我們當初去的時候就覺得不太對，政府的政策錯了，他們從最高的好茶村遷到新好茶村的位置來，把村子位置放在一個河道上，所以我們擔心這樣遲早會被沖壞，後來還好他們早一年全村就遷出來，不然隔年在八八風災發生時就把整個村子全部淹沒了。梅神父跟我後來回去村子裡的時候，村長就跟我們說：「神父你看，這個村子是我們的心血。」但是他們也知道，政府當初遷村的時候沒有地，只能設在那個河道上，人不能跟大自然背道而馳，所以河水一開始是小溪這樣流，再來愈沖愈大，最後溪水把整個村子都沖掉了。風災那時候屏東霧臺也是被搞得亂七八糟，當時霧臺有個神父趁還有電的時候，馬上打了簡訊到我們這邊來，知道消息後我們馬上從後火車站收集了五百個愛心包，當天就由國軍送上山去了支援他們。

　　明愛會可能沒有幫助過姚蒙席，但梅神父與齊見賢神父有，他們是教會裡的財務組，跟我們明愛會沒有關係，我們明愛會也受惠於他們。因為齊神父跟姚蒙席都很會理財，我個人覺得他們真的是具有理財的天賦，而且最主要的是為人很厚道，不會投機取巧，不會只為自己。看看聖心中學培育了多少的人成材成器，這是很重要的觀念，我們就是抱著

這種觀念在做事。當年姚蒙席有需要的時候，梅神父和齊神父都會全力支持他，那我也看到他真的非常認真，時間一到他就還錢。之後姚蒙席知道梅神父在做這一方面的工作時，他也很積極地幫助我們。所以我覺得在這一方面，其實姚蒙席給我們的幫助，多過於我們給他的幫助。

四、姚蒙席與耕莘醫院、輔大醫學院的關聯

有關姚蒙席去耕莘醫院任職或後來協助推動輔大醫學院的成立，我想，狄總主教當時的推薦是慧眼識英才。姚蒙席可能也想說我的聖心已經是個燙手山芋，現在還要多管個耕莘醫院，但是他也知道醫療的重要性，所以也就接下了這份工作，甚至在這份工作上，因為看到了醫院醫師的不足，興起了他想要推動天主教學校自己培養醫師的想法。後來他想做的事在輔仁大學實現了，創辦了一所醫學院出來，這實在是不簡單。回首再看的時候，才會想到這麼多不可能的事情，一點一滴都是天主的安排。

姚蒙席花了許多年策劃與推動，完成很多不可能的事。這點，如果信心不夠是無法完成的。天主教比慈濟或世界展望會的力量都來得大很多，有一次我們到泰北的志工說，你們天主教主要是沒有攝影機，像是

慈濟就是有個攝影機一直跟著在錄影，然後再透過他們自己的電視台傳播出去，讓很多人看到他們在當地協助災難重建的鏡頭。但最初那兩、三個禮拜的緊急狀況結束以後，他們就退出來了，後續是誰在後面接著幫助當地民眾？很多時候是天主教的力量在後面進行細水長流的後續重建工作。

　　姚蒙席可能因為擔任輔大董事與耕莘醫院院長的關係，看到更多的需要。他是很特殊的人，天主教內越是偉大的人就越是謙遜，不管是姚蒙席還是梅神父，他們都非常謙遜。姚蒙席認為：「我只是一個工具，天主要用我，要用我把學校弄起來，要用我把醫院辦得好，要用我把醫學院推動出來。」有這種理念或德行的人，都會始終保持謙遜，不會把所有功勞往自己身上堆。

五、梅神父與雷鳴遠精神

　　姚蒙席以九十四歲的高齡過世，過世之前他的腦筋還是很清楚，只是身體比較差而已，因為太勞累了，而梅神父也已經九十多歲了。他們都是經常祈禱的人，經常祈禱的人可以做很多事，信仰的力量很大，會忘我，不會為自己。像有時候會問梅神父想不想要回去比利時，他會

說：「不要，這裡就是我的家喔。」

　　梅神父在比利時的家人只剩兩個妹妹，父母與哥哥都已經不在。梅神父是雷鳴遠神父的弟子，雷鳴遠的精神便是神父人到了哪個國家，他就是屬於那個國家的；人到了哪個教區，就是屬於那個教區的，都具有奉獻的精神。雷鳴遠是德來姊妹會與耀漢小兄弟會的創辦人，再來還有教區輔助神父團（SAM, Societas Auxiliarium Missionum），另外還有雷鳴遠女子服務團，像聖若瑟的護士、醫生，有部分都是屬於他們的人。以前對雷鳴遠的評價褒貶都有，因為他跟政府走得很近，很多日本人並不喜歡他，有的人甚至認為他在進行政治活動。但其實不是，他完全是抱著悲天憫人的心在替中國做事，我們老一輩的中國神父都非常地敬佩他。像我到天津去，天津人對雷鳴遠是百分之百的尊重，知道他是真心愛中國，甚至入過中國籍。當時他並沒有反共，主要是抗日，後來他是在後方勞累過度而過世的。

　　雷鳴遠神父民國29年過世，梅神父那時候還在修道院初學，他們都很敬佩雷鳴遠，所以通通入了他的修會。可是他的修會是培育完以後就送出去，所以他們會到印度、中國、非洲等國家地區，他們的系統跟新慕道團、巴黎外方會都不一樣，最主要是每個創辦人的理念不同。雷

鳴遠當初是因為在中國看到需要，當時中國各地才剛開始設有主教，各
教區主教對國內的事情還可以，但在面對國際與梵蒂岡等國外事務的時
候，就需要有一個輔助團來幫忙。所以像梅神父他們就是被派到各地，
各地的主教多半要他們做自己的外文秘書，協助翻譯拉丁文。而他們
現在不屬於任何團體，他們到了非洲就是非洲教會的成員，到了印度就
是印度教會的，到臺灣就是臺灣教會的。當初到臺灣的人，像是若瑟
醫院畢耀遠神父、裴效遠神父，還有好幾個人都是屬於這個系統的神
父。他們都會不定期聚會，因為還是有自己的老鄉，而且又在同一個團
體受訓。

陸幼琴修女
訪談錄

訪問：楊善堯

記錄：宋欣恬

時間：2015年1月31日09:00-10:30

地點：天主教耕莘醫療財團法人耕莘醫院

陸幼琴修女
訪談錄

一、初識姚神父

民國74年我從美國回來以後，我才認識了姚神父。當時下了飛機之後也不知道是誰會來接我們，後來出現一個個子小小的神父。他說：「我是姚神父，我來接你們。」我們很高興，但也不知道要去哪裡，姚神父就把我們帶到四維路的公寓去，他說這是醫院替你們租的房子，就把我們放在那邊。這位江浙口音的神父，他做事很快、很親切，這就是我跟姚神父的第一次見面印象。

後來一個禮拜之後，陸陸續續看我們需要什麼，醫院就會送來。譬如說我們住的屋子裡面是空的，就只有一張桌子、四把椅子，後來姚神父跟我們說，你們需要買東西的話，叫醫院的司機帶你們去。當時我們人地生疏對臺灣也不熟，司機把我們帶去百貨公司買一些家用的東西。我們當時以為院長是袁君秀神父，結果到了醫院才發現原來姚神父就是院長。

他就是這樣一點架子都沒有，很隨和的一個人。我記得我們來的時候是晚上，他一個長者又是院長身分，晚上還來機場接我們，讓我們很感動。我剛到醫院的時候沒有辦公室，他就把我安置在五樓，跟病房

在一起，然後院長室在一樓，護理部也在一樓，所以起初我覺得有點尷尬，總是一樓、五樓來來回回。不久姚神父就把我安排到一樓，房間重新做了隔間，將院長室、副院長室跟秘書室都放在一起，我剛到臺灣時什麼都不懂，院內的秘書也非常幫忙。姚神父親和力非常強，讓我們就不會覺得院長是高高在上的，只要一有事就跑去他那邊問，但他說，他也才來醫院十天，比我早到十天而已，所以很多院務也不熟，一般的事情我們兩個就一起學。

因為袁神父在耕莘擔任了十四年的院長，他突然病倒後讓整個醫院失去了重心。我們來的時候他還在臺大醫院，腦膜炎很嚴重。臺大醫師說得這種病的人沒有活過一年半的，他那時候也已經生病一年多了，所以我們就把他帶回耕莘醫院，原本我在五樓的辦公室就改成他的臥室，變成跟病房一樣。

後來袁神父就在我們醫院往生了，接手工作的姚神父很急著了解醫院的各種情況。他說他不懂醫療但是他懂其他的事情，我說我不懂得財務管理，但是他非常懂。姚神父除了創辦聖心中小學和幼稚園外，他也是教區財務管理委員會的成員之一，所以非常懂財務方面的事情。其他像是蓋房子的事情我也一竅不通而他很懂，所以我們的工作一直很互

補，我照顧醫務部和護理部，其他部分由他一手包辦，工作分配很清楚，也很適當。

我記得有一天，他帶我們去查看醫院整個建築，我們一群人被帶到C棟五樓，從五樓一層層走下來，我就看他眼睛慢慢睜大了。當時的醫院建築真的很老舊，天花板的瀝青都慢慢漏下來，病房的情況更是糟糕。那時我剛從美國回來，看到這種情況簡直是不敢相信。像是病房裡面沒設置廁所，而是在醫院外面有一間公共廁所，廁所裡面淋浴的地方是在水龍頭上有一條塑膠管子接上去後再往下掛。在廁所的地上甚至有時候會有一堆糞便，護理長說：「大概是晚上都有外面的人偷跑進來用我們的衛浴設備，留在那邊不想去清，髒得要死。」

這樣一層層的走，每一樓看到我們眼睛都睜大了，大家都想嘆氣。姚神父便說：「要重蓋了，要重蓋了」，他對於蓋房子這件事非常有經驗。後來他請人來測量跟評估要怎麼改建，因為這棟是最老舊的建築。測量的結果是地基很好，以前在蓋的時候有把地基弄得很好，但是工程師測量評估後，認為牆壁不能再承重，當時B跟C棟叫做東病房和西病房，那兩棟無法加蓋只好重建。另外在醫院旁邊有個小小的兩層樓是托兒所跟醫師宿舍。姚神父也拆掉重蓋，後來蓋了十層樓。那個時候十層

樓是蠻高的，需要電梯和其他設備，姚神父就把這些都做出來了。

　　當然蓋房子我也不是很懂，我只是偶爾去瞄一瞄、看一看。有天因為大廳屋頂的前端在灌漿的時候垮了下來，把工人都嚇跑了。但姚神父就說：「感謝主！感謝主！沒人受傷，只是水泥濺到，腳破了一點點皮。」大家都受到驚嚇，我才知道蓋房子很危險，但姚神父天天都去監工，有時也帶著我們的總務主任一起去。後來他跟我說，那些鋼筋水泥都是他自己去看的，沒有被騙，多大就是多大、多粗就是多粗，水泥的品質他都有注意，不會有問題的，所以新蓋的院舍是他親自監工督建，也蓋得特別便宜。

　　當時我負責管理醫院內的醫師和護士。那時候醫師的水準不是很高，姚神父雖然不會干涉院內的醫療事務，但他堅持必須聘請優良的醫師。當時有位醫師已經要離職了，要先請兩個禮拜的假期，但姚神父就是不給假。那位醫師不服，跑去跟院長談，他們兩個就在工地吵架，院長很生氣，就說讓他走，直說：「年輕人怎麼這樣，哪有醫師這麼沒有涵養，講話那樣講法，把我當成什麼。」我才知道原來姚神父也會發脾氣的。

　　另外一次是某位復健科主任也曾與姚神父發生爭吵，那位主任堅

持早上九點才開始看診，中午十二點到一點的時間要休息吃飯。我曾要
求他們部門的人員輪流吃飯跟休息，病人還在就是要服務，其他部門也
都是這樣。但是那位主任堅持十二點到一點要午休，一點以後才開始看
診。每天復健科一大堆老人和病人都在外面等著做復健，早上門診也是
九點才開門，但八點半診間外面已經到處都是人，沒得坐也是站著等，
大家實在都看不下去。當時那位主任還跑到院長室跟姚神父大吵，後來
姚神父告訴我，那位醫師就讓他離開。我告訴姚神父復健科目前只有這
一位醫師，他卻說：「我們寧可醫院關門，也不要這種態度的醫師，沒
有醫師，那科就關掉。」我們聽了都很緊張。但是那位醫師離開之後，
我們又請到更好的醫師，反而發展得更快。姚神父的態度是不要勉強但
也不要委曲求全，醫師不好就不要，情願把門診關掉。因為不好的人在
那邊，好的人就不敢進來，所以從他那裡我學到該勇敢的時候就得要勇
敢。後來我們換了一位臺大出來曾自行開業的醫師，他就懂得要以病人
優先，與部門人員說好中午輪流休息、輪流吃飯，病人就能一直得到照
顧，後來就沒有病人再站在外面等。這就是觀念的不同，管理就是看觀
念的問題，當時神父跟我都認為應該以病人為優先，但是那位主任認為
醫師才是最大的。

　　當時留學回國的醫師，大致分為美國派、日本派與德國派，每個地方的留學文化都不太一樣。所以從美國回來的我，在見解上就有很多地方跟當時院內的其他醫師不太相同，姚神父則會判斷，哪些文化適合就用，那些不適合的就不要。當時院內有些主任更換以後，有部分人員不願意這樣變動，只好也一起更換下面的人員。果然換新的人，新的氣象就來了。所以姚神父跟我說：「妳不要怕換人。」因為我當時覺得如果有人走掉的話就是我的不好、我的缺失，會感到難過。但是他說：「不要怕，死水不流沒好處，不要怕！」他常跟我說：「不要怕！」

　　平常在院內姚神父非常和氣、非常仁慈、非常容易相處，也很大方，有什麼需要的時候，馬上就自己掏腰包，也從來不會問錢有沒有剩下來，有沒有需要報帳？他從來不問這些，有時候你明明知道是他吃虧了。譬如說，他要請人準備一餐，給了人家幾萬塊錢，我們都在想，那些食材並不值得要花到幾萬塊錢，但他說給了就給了，不要追問。後來他跟我說：「明虧可以吃，暗虧不要吃。」我想了半天都不知道什麼是明虧？什麼是暗虧？後來慢慢了解，你給了錢他不還你，這是明虧，但是私下搞小動作的就是暗虧，這種事情他一定很生氣，也一定處理到底。所以他說：「明虧吃，暗虧不吃。」就是很好的原則。

二、個人到耕莘醫院服務的經歷

　　當初我會到耕莘醫院服務，是姚神父的前一任院長袁君秀神父聘請我來。在正式回到臺灣之前，我曾經有過一次短暫地來臺，當時我從美國到臺灣後，先是到臺北榮總做客座教授，我在那裡有幾個月的時間。榮民總醫院的鄒濟勳院長也是耕莘醫院的顧問，他跟我說：「奇怪！你們耕莘醫院的位置那麼好，為什麼做不起來？妳該去幫忙一下。」我說我不喜歡做行政，鄒院長卻說：「妳們修女怎麼可以說喜歡或不喜歡？」聽了我啞口無言，我自己也反思，作為修女哪裡有需要就應該去哪裡。

　　後來鄒院長便讓我到耕莘醫院看一下，我去外科跟他們一起開刀並做些教學，大概了解一下耕莘的情況後，袁神父就希望我能過來幫忙。因為他們那時候的醫院評鑑每次都是準二級，無法通過二級。我說我回去考慮考慮，問一下我們的會長。我回美國去之後不是很想回來，在那邊有很多事情放不下，我們修女一直催促我，後來還是拖到民國74年的10月底才來。我不知道那時候袁神父已經病倒了，因為先前我跟他通信時，他的來信都是修女幫他寫的，信中沒有提到他生病的事情。他也很

聰明，知道如果我知道他生病的話可能我就不來了。他病得很嚴重後才
去治療，後來我們去臺大探望他時也嚇一跳，頭髮都沒有了，狀況非常
不好。我覺得姚神父的聖德和信德很深，他一定知道接下院長職務會碰
到很多地困難，因為那時候真的很可憐，整個耕莘醫院有三百張病床，
但醫院的占床率只有百分之五十不到。

　　耕莘醫院的第一任院長是施予仁神父，然後是狄剛神父，再來就
是袁君秀神父，第四任是姚神父，而我是第五任院長。袁神父並不是醫
師，而是工程師，耕莘的永和分院是他蓋的，後來總院他實在沒辦法再
更新，因為當時沒錢也沒人。他一個人管理整個醫院，但他並不懂醫
療，可能連請個郎中也不知道要怎麼找，真的很辛苦。當時他有請幾個
臺大醫院的醫師過來，當時臺大醫院過來的很多是住院醫師層級的醫
師，後來R3的住院醫師過來耕莘後，他就交給他們去做，所以他很希
望我也來幫忙。他說我們教學醫院怎麼會做不起來？我看他印一大堆東
西放在書架上頭，我問他是什麼？結果他說是原本是要印給評鑑委員看
的全院開會紀錄，但是有醫師建議最好不要給評鑑委員看，因為不知道
內容如何，諸如此類的事情讓他很挫折，也沒有人幫忙他。後來他生病
了，完全沒辦法處理醫院的事，就請姚神父過來幫忙。不過姚神父他也

不了解醫院事務，可是姚神父很會看人，他很快就摸出來那個人的個性能夠做什麼，常會指點我們。那個時候有個副院長很兇，而且能力不強，他告訴我：「你不要得罪他，就給他一個很好的辦公室位置，不要得罪他，你自己的事情你自己做。」

三、輔大醫學院的籌備創立

姚神父有很深的信仰，他常說：「吾主耶穌」，我聽得很新奇，因為我們很常聽到的是：「主耶穌」，可是他說的是：「吾主耶穌」，感覺耶穌已經內化到他的內心深處。事情不順或遇到困難時，他也覺得沒關係，達不到就是努力去做。他還有一句常說的話，他說：「你不要怕，該做的事，對教會好的，你就儘量去做。」我們總怕後繼無人，衝出去後面沒人跟來怎麼辦？他就說：「你不要怕，對教會好的，就儘量去做，一定有人會跟進，一定會有人繼續做。」像是後來要成立醫學院的事情，那時光想到我就怕死了，這麼大的投資，有好幾個人都在想要怎麼策劃這件事情，但是大家都不敢動。我們拜訪每一間天主教的教會醫院，全臺灣走了一圈，看看他們的情況，了解各醫院當下有什麼困難，結果得到的結論是：「都缺好醫師」，這就是問題的關鍵。

有些醫師那時沒什麼本事，有的根本訓練都沒有完成就到這些醫院。有一次我到某個醫院，看到有位在耕莘醫院做到R2就離開的住院醫師，卻在那間醫院當起了主治醫師。我嚇了一跳，心想他會開多少刀？他看到我也不好意思，耕莘不要的人，卻在那邊做大，所以真的覺得很危險。

那好醫師要從那裡來？這些醫學院他們都用自己的人，多餘的才會出來到我們這邊，那是不是我們應該也要有自己的醫學院？別的國家都有天主教醫學院，都具有頂尖的人才，都是醫德也有，技術也有，德術雙全的人，我們想要有自己的醫學院，但是又很害怕。建立醫學院是件很大的事情，臺灣教會那麼窮，人手要去哪裡找？

後來還是姚神父敢做，他召集我們在主教公署開會，將五位比較大型天主教醫院的院長都找來，他很願意扛這個責任，詢問大家是不是願意投資。要大家連署簽名給羅光總主教，當時三所天主教大學：文藻、靜宜、輔大三所學校，就以輔大的規模最大，加上臺北人才最多，比較容易辦，後來羅光總主教也同意了。雖然學校裡有很多人反對，認為醫學院會把輔大拖垮，擔心我們辛辛苦苦存下來的錢都會被花光。但姚副主教說不要怕，他祈禱說：「這是好事情，這是對教會好，對社會好，

應該做。」他那麼大年紀了，他說：「不要怕，好事總會有人跟進。」
這是他的原則。在籌款方面，他也有很多辦法，把高雄一塊自己的地賣
了，他的貢獻最大，當初連署的時候，幾間醫院包括：耕莘、羅東、嘉
義馬爾定，連署的時候都說願意負擔經濟，申請之後卻出問題，因為那時
醫院多靠勞保給付，剛好勞保那一年有半年不能給付費用，各醫院都周
轉不靈，除了耕莘之外沒有醫院能給錢，姚神父只好自己想辦法找錢。

　　那時候輔大校長是羅光總主教，他就找當時輔大的教務主任朱秉欣
神父來籌畫這件事，後來朱神父成為了醫學院的首任院長。當時朱神父
是教務主任，醫學院需要有三個系才能成為院，所以他先籌備護理系，
然後是公共衛生系和心理復健系。他到美國找了崔如銑修女來，崔修女
年紀雖然已經不小卻是頂尖人選，於是開辦護理系。朱神父在輔大裡面
運作，那一棟宗倬章大樓的興建，是他找九和汽車宗家給的錢，給了好
幾億。姚神父就是這樣在外面找錢，他擁有很多土地，高雄的地我聽說
後來他賣給了高雄教區八千萬，賣出了兩倍價錢。他很會投資跟籌款，
腦袋非常地靈光。而我當時就負責在美國找人，我在美國跑了一圈，但
是沒有很多人願意回來，因為我們薪水太低了，是美國的四分之一不
到。我在美國時的月薪是七千美金，來到臺灣，袁神父很慷慨地說要給

我月薪八萬元新臺幣，八萬元當時差不多等於二千美金，實在差距很大，我跑了幾個地方包括我的母校，後來雖然沒請到人，但是建立了一些關係。姚神父真的有膽量、有遠見，他看見的都是好事情，後來他雖然生病了，體力不夠，但他還是很關心，我想輔大的事他全部都知道，醫學院的進度他都清清楚楚的。

　　在輔大推動成立醫學院，姚神父的想法是臺北的人才多，容易請到優良的師資。事實上，姚神父曾經算過，雖然臺灣當時已經有十所醫學院，但仍然覺得可行，他也不怕競爭，辦學校他很懂，最重要的就是師資，其次才是管理。當時還有討論到醫學院應該設置在輔大的校區內還是另外再找校區，輔大在臺北市另外有城中校區，我們勘察過覺得並不適合，這個校區太小，學生只能關在裡面，醫學院不是這樣做的，醫學院跟其他的系所要有很多配合。當時在新店也有一塊土地可以規劃給我們使用，我們勘察時一片荒蕪，想到醫學院、護校和大學三者之間如果互不相通，對於醫學院學生的人文素養培養是有困難的。在美國，醫師的人文素養養成是很重要的，在養成期間有這樣的培育環境，以後才會是一個「以人為主」的醫師，而不是只會唸書的醫師，就算是科學家，沒有人文氣質其實也不行。所以後來有人問我不是爭取到一塊地辦醫學

院嗎？但是我們還是決定不要了，看過一些地方也都不適合，最終還是決定把醫學院設在輔大校區內比較好，什麼都有，要培養一個有人文氣質的醫師這就是最好的環境。上完課就在那邊，住宿舍也會跟其他人在一起學習，我覺得那才是最理想的。一切都敲定之後，羅光總主教把校內預定蓋運動場的那塊地作為醫學院預定地，朱神父蓋了六層樓，運動場一半蓋了，還有另外一半是還沒有蓋的，姚神父便慢慢跟人溝通這件事。

姚神父跟其他的人溝通非常好，我都不知道他怎麼做的，證明他真的很有辦法，在基隆很多人都是他的朋友，到了耕莘以後對新店也很熟悉，他不方便去的地方，就會找人幫忙。姚神父很有辦法，設立醫學院是他的夢想，所以每次醫學院發生好事情，告訴他就很開心跟安慰。但後來遇到了瓶頸，我們申請了之後政府遲遲不准許設立，沒辦法就只有護理系和公共衛生系，後來還有心理復健系。朱秉欣神父是教授心理學，所以主持心理復健系，當時我們都不知道心理復健是什麼，心理學知道，復健也知道，但不知道什麼是心理復健，不過只要有三個系才能成立院，可是那時政府相關單位十多年來都沒准許輔大醫學院成立醫學系，於是我們也只能先把耕莘醫院先做好。

四、姚神父推動耕莘醫院改革的過程

事後反思，天主的計畫也是對的，醫院都沒先搞好怎麼辦醫學系。所以在申請設立醫學系受挫後，我們改變方向，先全力把耕莘醫院扶持起來。袁君秀神父想要醫院評鑑到二級，透過努力改善，馬上就通過評鑑。後來醫院評鑑制度也改變，不再分成一、二、三級，改分為地區、區域跟醫學中心的三級制，耕莘醫院在通過評鑑後成為區域級醫院。在財務和行政都是姚神父在管理，新大樓蓋好後，我們的業績成長了百分之三十六，一下就快速發展起來，除了增添新的設備，還有優良的醫師和護士進到醫院，於是很多人都來耕莘看病。這中間當然還有很多人的幫忙，當時有一位司代天神父，一個比利時人，是頭腦非常聰明的財管專家，也來幫我們查看院內的財務漏洞。

我們想跟臺北榮民總醫院合作與技術交流，榮總起初不同意，因為榮總的醫師只跟榮總的系統。於是透過教會的關係，由於羅光總主教跟退撫會的鄭為元將軍是好朋友，他們兩位年輕的時候曾在羅馬擔任駐外使館的文官與武官，他們很容易就接洽到，也得到共識。加上榮總的鄭院長和我們院長袁神父的關係也很親近，鄭院長也是耕莘的董事顧問，

所以一談就合了，正式簽約後很多人都不敢相信。

　　我在榮總做過客座教授，外科系統我都很熟，在那裡做過很多演講，幫他們評估教學計畫等，跟榮總的感情很不錯。自從建教合作之後，我們的醫師肯過去受訓，在受訓的同時，榮總也會派一位醫師過來替代，後來共有六位醫師過來，耕莘醫院的醫療水準馬上大幅提高，病人自然也感受到了，又是新大樓，設備又好。之前我們的行政副院長總說要有錢再買儀器，但不買這些儀器，我們的醫師沒有工具可以用，得需要這些儀器來做診斷。後來我爭取到一年一千萬的預算來採購醫療器材，由各部門主任共同分配，讓各主任了解器材採購的優先順序以及可以信任的廠牌，等器械一進來以後馬上就可以為病患做各種先進的檢查。那時檢驗科的主任滿有能力的，加上X光科，我們有新儀器給醫師用，大家合作起來的士氣非常高昂。

　　民國79年，那年我們醫院的業績成長了百分之三十六，財務部分就是司代天神父和姚神父負責找問題。比方說，怎麼可能藥房不賺錢？那時候醫院內還沒有電腦，施神父就用他自己的電腦去查，馬上就查出問題是藥價進出管理不善導致藥房不賺錢。又比如，廚房怎麼可能賠錢？姚神父說：「我學校的廚房都不會賠錢，怎麼會這樣？」我們就去別的

醫院參觀，看別人怎麼做才知道自己醫院有多落後。人家洗菜切菜都是機器，我們都是手工，加上很多員工是老榮民，七十幾歲根本做不動，在那裡慢吞吞的切菜，遇到有請假回鄉探親的人，兩、三個月都沒回來，廚房就少一個人手。醫院員工也沒有訂餐的習慣，廚房怎麼算也算不準每天該準備的份量，有時候聽說今天有雞腿大家就都下去吃，如果是不好吃的菜色就都沒有人吃，廚房煮了菜便造成浪費，許多管理方式不是很現代。所以姚神父就做了不少行政制度的改變，我則在醫療護理方面帶領大家往前衝，所以整個醫院品質很快就發展起來了。

　　姚神父在醫院做了將近四年半的時間，民國74年到78年的年底，推動改革期間也建立許多制度，將醫院許多事務都制度化。記得有一次，姚神父跟醫院的老神父為了聖堂起爭執，後來我問姚神父，他才告訴我，那位老神父因為在醫院很多年，多少有倚老賣老的心態，那次在他沒有經過申請程序就請人改造了醫院的聖堂前端，雖然弄得很漂亮，但沒想到帳單一來竟然需要十五萬元，這在當時是很大的一筆錢。老神父認為修繕聖堂有什麼不對，但姚神父跟他說，沒有經過申請的程序財務部不會支付這筆錢，最後姚神父告訴他：「這次我自己付，下次不要這樣。」就這樣慢慢建立起財務與經費管理制度，讓醫院的人了解，計畫

要經過申請核准，要有預算與程序概念。

　　在美國，管理醫院就是管理專業，並不是由醫師來管理，醫師只管理醫務部，護理師管理護理部。但臺灣醫院的院長多半都是由醫師擔任，所以姚神父便讓我去管醫院的醫護人員，具有醫學背景比較容易服人。但是院內還是有些會不服氣的人，多少還是有些衝突，這些姚神父都不管，他只把大原則的處理方向告訴我。所以那個時候我壓力也很大，還好有當時醫務部主任鄧世雄醫師的幫忙，他是臺大出來的放射科醫師，沒有醫院臨床緊急事件的牽扯，在行政方面他很快就學會上手了。等我一切步入正軌之後，就派他去美國學習最新的放射診斷技術回來，當時我們醫院內的第一部電腦斷層機器就是他安置的，所以人要懂得要放在合適的位置上。

五、姚神父生病治療的過程

　　姚神父生病得很突然，他本來個子小小的，突然越來越瘦，也沒有食慾，我們以為他太累了就讓他休息，但他還是吃不下東西，照了胃鏡也沒有發現什麼，後來還是繼續瘦下去，鄧世雄醫師就把他帶到臺大醫院去做檢查。後來再次照胃鏡切片後診斷是淋巴癌，雖然治療的過程不

難，但是需要一段時間。那時剛好是聖誕節前夕，新大樓蓋好了還沒啟用，我記得大家心裡都很悲傷，也怕他難過不敢跟他說太多。

當時新大樓只有地下室是完全蓋好了，我們臨時牽了電線，聖誕節的聚餐就在新大樓的地下室擺桌，讓姚神父在他蓋的新大樓裡至少用一次。想歡歡喜喜地聚餐，但我們心裡都很沉重，眼淚都快要掉下來了，就這樣為他辦了他在耕莘醫院院長任內的最後一次聚餐，之後姚神父就退休了。姚神父在離開之前，希望我能接下院長的職務，我嚇死了！我坐在辦公室想了半天，許多事我都不會管，尤其財務方面我最不會。於是，我問他，如果我不接會怎麼樣？他說：「你怎麼可以不接！」就像他講的，「你怎麼可以不接！」

姚神父得病初期並沒有開刀，只在臺大做化療，每次療程結束後就回來住在我們耕莘醫師宿舍裡的房間。後來我們醫院就照著臺大的處方幫他做化療，之後再做放射治療，淋巴腫瘤就完全都消失了，他覺得他會得病與承擔醫院管理的壓力有關，就決定要退休了，只有真的有事我們才去找他。

回想當時姚神父經常基隆、臺北兩邊跑，所以常只有半天在醫院，但有幾天他會留到五點，也是他介紹我去學外丹功的。當時我說我壓力

大，他說：「妳要運動喔！」所以有幾次禮拜五他要回基隆時，就會順便搭他的車帶我去和平東路一個教堂的地下室，有個老師在教外丹功，做完再自己回家。睡午覺的習慣也是到臺灣才開始養成，以前在美國並沒有睡午覺的習慣，姚神父說還是睡一下比較好，到現在我變成是非睡不可了，在耕莘每位醫師都有提供宿舍讓他們睡午覺，這是很好的養生之道。姚神父真的很會照顧人，要睡午覺這件事是他教我的、要去運動這件事也是他教我的。

另外，他自己雖然吃的很少但卻很懂得講究，他常說：「你們修女好可憐，都沒有好吃的東西。」每次我們去基隆都帶我們去很好的餐廳，所以我們都很喜歡去他那邊，因為都可以吃得很好。他自己雖然也有廚房，有時也會特別為客人做大餐，但平時他自己卻吃得很簡單，有時晚餐就只吃麵包而已。他也很大方，每次他生日我們耕莘同仁去為他祝壽時，總是讓他請客，還有禮物給我們帶回家。

六、輔大醫學系的獲准成立

當時慈濟比輔大晚申請成立醫學系，後來他們卻先被批准成立，我們就覺得奇怪。當初我們申請的時候，不是告訴我們臺灣的醫師已經

夠了，不需要再增加醫師，因為醫師會製造市場，勞保局擔心費用會增加，不希望多花錢，所以不願再給名額，但是慈濟卻有管道能夠申請成功。於是我們再次去申請，也找人去向相關單位進行交涉。

聽說後來的理由是，輔大沒有附設醫院。慈濟是先有一個大醫院，然後再申請成附設醫院提供給慈濟大學。所以那時狄剛總主教提議把耕莘醫院作為輔大醫學系的教學醫院進行申請，但是耕莘醫院又不能算是附設醫院，因為跟學校是兩個不同的系統，醫院屬於衛生福利部，輔大醫學系屬於教育部。不過經過十年的發展，耕莘醫院各方面的狀況都比最早要申請時好很多，於是就把耕莘的所有財報跟相關資料送給教育部審查後，教育部就准許醫學系的設立了。

原本我是已經放棄這件事了，想專心經營醫院就好。一知道教育部准許設立後，只好趕快開始籌備醫學系的成立。當時我們幾個臭皮匠湊一湊，每個禮拜都正式開會，把輔大、臺大、耕莘的要人都拉進來籌畫，一年半以後就正式招生。但教育部只給我們五十個名額，四十五個一般生、五個僑生，實在很少。不過姚神父也說不怕，就這樣順著做了。我們到處請教朋友，包括當時臺大和成大的校長我們都去拜訪過，他們都說缺人又缺錢要怎麼做？但我們本著姚神父的原則：「為天主

好、為教會好，就放心去做。」我當時也快六十歲了，也擔心沒人能夠繼續下去。不過真的如姚神父所說，好的事情一定會有人延續下去，後來幾位臺大的教友醫師開始協助我們。像是鄒國英教授，她一直是我們的好朋友，她以前在耕莘永和分院做過小兒科主任和醫務部主任，後來臺大把她找回去，現在我們又把她找回來，她懂我們耕莘的文化，也懂臺大的資源，提供我們很多幫助。所以幾個臭皮匠居然就將醫學系弄出來了，籌備一年半之後就開始招生，當時馬偕跟我們是同時被批准的，卻晚了我們十年多才開始招生。

輔大在與耕莘談合作成立醫學系的時候，籌備期間輔大內部也有些反彈的聲音，只是這些反對的壓力多半由姚神父來承擔。當時各方反對的理由是：「又沒人又沒錢為什麼要辦醫學系？」輔大內部主要是怕醫學院的成立把輔大財政給拖垮，外界則因輔大內沒有醫學背景的人，這也是輔大那邊非要我去接醫學院院長的原因，因當時輔大沒有一位有醫學背景的人，如果是找外面的人會不懂天主教教會學校的文化系統，所以單國璽樞機就希望透過我把輔大與耕莘兩邊結合起來。

雖說是有磨擦但其實也是好意的，會害怕也是自然的，因為辦醫學系真的很花錢，但是要看準一點，你害怕什麼事情就表示會有什麼危機

存在，必須要有一點前瞻性。姚神父一方面靠信德，一方面是看到其他
國家都有天主教的醫學院，也沒有把財務拖垮，那些需要的財物，天主
要它時自然就會來。他說：「你只是從這個口袋拿到那個口袋，天主都
有，不用擔心。」因姚神父的努力而成功，後來輔大也為他造一座銅像
放在醫學院裡。他真的很愛天主，很愛教會，他把這一輩子都奉獻給教
會。他也有魄力、智慧，有前瞻性，可以看到未來發展的方向，很多保
守的人說維持現狀就好，不敢行動，但是不發展就沒有前途。

　　醫學系獲准成立之後，當時的輔大校長楊敦和奉單樞機和姚副主教
的指示來找我，要我做醫學院的院長。我嚇死了！跟他說不行，我沒在臺
灣上過學，不懂這個教育系統，更何況在耕莘醫院一天十二個小時都不夠
用了，怎麼跑輔大？所以我給他幾個臺大醫學教授人選，推薦了鄒國英、
林瑞祥，還有後來擔任虎尾若瑟醫院的院長宋維村。但楊校長堅持要我到
輔大，甚至在機場打電話給我，要我非來不可，當時我告訴他的種種困
難後來都在楊校長的幫忙下解決了。記得有一次姚神父與狄總主教要我
接耕莘護專，因為那裡沒有校長要我去接，我哪懂護理教育，我在美國
是學醫學教育的，之後分院沒有院長也要我去接，我都沒去。我沒有三
頭六臂，只想把耕莘醫院的事做好。後來是單樞機要我去輔大醫學系，

他希望用我的力量把兩邊拉攏一下，因為耕莘跟輔大當時還沒有什麼關聯，我若接下這個職務就能把兩邊都拉攏起來。我只好硬著頭皮去，一週兩天時間在輔大、三天時間在耕莘，那時候讓我的身體都快累垮了。

我有陣子身體狀況很差，胃潰瘍、高血壓都出現，我的修會會長知道後，便要我回美國休息，不然身體會垮掉。但是當時實在放心不下這些工作，後來在會長的要求下只能服從，休息半年，將醫院院務交給副院長鄧世雄醫師。回來之後看見一切都很好才放下心，那時候我就學到了「授權」的重要，找對人並交代給他，讓他做到好，我自己的日子會好過一點，下面的人也才能成長。太能幹的主管，如果不放手，要走的時候下面就會垮掉。所以在輔大一上任後我就跟幾位主管說要開始培養接班人，但有人不培養怕會因此被人取代。現在學校跟醫院都有制度，明訂主管一任是幾年，必須要退的時候你的部門還能不能繼續發展，就看你在任時是怎樣準備的。

七、懷念姚神父

我們常常懷念姚神父，尤其是有事情的時候我們會特別懷念他。他真的會用人，又會授權，又會培養，而且他真的對人很信任。他會指點

你去做，看見有錯的地方也會告訴你，但不是用罵的方式。他當院長期間，也會跟我說他認為誰不應該繼續留下，我便去找問題在哪裡。我看真的有問題的話，不能補救的就不留人了，這方面需要有點勇氣。但雖如此，姚神父也沒傷害到誰，他說人要好來好去，離職的人仍然對他很客氣，沒有人會回來報復，非常不適任的人他會讓他好好離開。像那時候我有一個不適任的祕書，我也讓她離開，姚神父知道後馬上請她吃飯謝謝她，讓人心裡舒服，真的很佩服他，又會做事又會帶人。他在領導方面是很在行的，不像很多能幹的人做起事來是會傷害到其他人，當很多人都想離開的時候，這個機構便不會發達了。

有一次永和分院說病房鬧鬼，那裡的護士嚇到了。他說：「我最喜歡鬼了，我是鬼屋起家的。」於是他就去安排，把所有教會禮儀的東西都帶去，穿得漂漂亮亮的，帶了好大一群人，很誇張的祝聖那間病房。他說：「天主來，鬼就跑，好了，不會有鬼了，把這病房裝滿人，陽氣要很盛。」果然以後再也沒人說有鬼了，就再也不怕了。後來我們學他這一套，有一次醫院地下室失火，因為地下室放了許多紙板，有人丟棄菸頭造成火災。那時剛好是鬼月，於是我們便帶著神父去祝聖，一大群人跟去祝聖灑聖水，灑了聖水就是天主的地方，鬼就不敢來了。到現

在醫院都還有這個傳統，一層樓又一層樓的灑聖水，因為有很多護士會怕。鬼月的時候，我們叫「平安七月天」，求平安他們就真的不怕了。我覺得這也是姚神父對人的一種態度，他不會說，你怎麼那麼笨連這個都相信，從來不會。他的態度是要去安撫他，要用更好的方式來處理。只要醫院一有事情我們就用他的方法，灑聖水、請神父唱歌、念經，這是一種心理的安慰。

他常常說：「聖教會萬萬年，不怕。」再來就是：「對教會有益的事情，光榮天主的事情就勇敢去做，不怕後繼無人。」他創學的精神就是如此。然後他對老師們真的很好，道理班都是他親自教，南腔北調的他還是會講道理，他很虛心從來不驕傲，天主的事情他都會盡心去做。他曾經帶我們去參觀聖心學校的地下大禮堂，下面又涼又通風，不用冷氣，設計得非常漂亮，地下挖那麼多層，上面是操場，技術真是一流，他總是充滿創意，他跟天主很接近。

聖心幼稚園採用雙語教學，他說：「基隆要競爭的話，你要拿什麼出來競爭？所以從幼稚園開始就雙語教學。」他從美國請老師來，他很大膽，用每個月八萬元薪水請美國老師教，馬上引起轟動，幼稚園學生滿額，小學、中學就有學生了，可見得他是具有前瞻性的計畫，他都想

得很清楚。一定請教過很多人，想了很多，查過很多資料，認為這是對的就勇敢走下去，他一開路之後，大家就跟進。你看現在很多幼稚園都是雙語教學，這是他最先做的。在基隆的學校等於是他帶頭的，樣樣都是最好，所以他生病以後大家都開始擔心學校的未來。他也是想了很久才決定把學校給了輔大，輔大有教育系，名聲又那麼好，找音樂系來幫忙辦音樂會，家長都好開心，我們聽了也很高興。當初他們說怎麼輔大沒有人來，現在真的開始有人來了，輔大的美術、音樂，具有專業長才的學生都可以過來聖心，輔大的老師也有成就感。學校有資源，學生就可以用，讓我們的人文教育養成從幼稚園、小學就開始多好，這概念完全是對的。

　　天主的慈愛要傳下去，我們曾有幾位醫師來參加慕道班後，我問他們：「你們對教會的好印象是怎麼來的？」好幾個都說是從幼稚園時就有好印象了，所以播種播得早是對的，你不知道它什麼時候會成長發芽。

　　聖經上說：「你種的時候看不到東西，天主在養他們，下雨或曬太陽，苗就出來了。」所以姚神父完全是對的，他對教育那麼熱衷，完全是對的。當初踏進醫療領域他也很怕，他說他不懂醫療，沒有經營過醫院。但袁神父病倒，主教要他來，他就服從，吃了很多苦，他自己覺得

他的淋巴癌是壓力引起的。有次醫院有個醫療糾紛來找他，曾經讓他飽受驚嚇。當時永和分院有個早產兒，出生的時候眼睛不好，報上不斷評論，家長也威脅要醫院醫師以眼還眼：「我的小孩看不見，你們也要少一個眼睛。」把姚神父嚇得要命。當時鄒國英是分院醫務部主任，她也嚇到把她自己的小孩送到高雄去。那個時候黑道很厲害，動不動就威脅要讓你少一條腿，姚神父真的吃了很多這種苦頭。這在學校是從來不會發生的事情，抬棺抗議還在其次，當威脅到你的人身安全和家庭時，又是另外一回事。

晚年姚神父病重的時候，他說他連祈禱讀經都有困難，需要用手指著一個字一個字唸。但日課、晚課他還是都唸經，很有毅力。我們要學他的勇氣跟智慧，祈禱就是智慧的來源。

戴愛仁修女、王秉英女士
訪談錄

訪問：楊善堯

記錄：宋欣恬

時間：2015年2月11日14:30-15:300

地點：天主教輔大聖心高級中學姚宗鑑蒙席紀念館

戴愛仁修女、王秉英女士
訪談錄

一、王秉英女士談姚副主教代理耕莘醫院院長的緣由與經過

　　姚副主教在財經方面具有專長，所以他那時候在臺北教區是經濟發展委員會的成員之一，也因此對耕莘醫院的業務有所了解。印象中，他偶爾會到耕莘醫院來看看，對院務或財務的情形會有一些接觸，所以對我們醫院的營運狀況也有一點了解。在袁君秀院長生病以後，由於姚副主教對耕莘醫院的了解，所以當時臺北總教區的賈彥文總主教就先任命姚副主教暫時代理院長的位置，代理了將近一年左右的時間，後來袁院長過世以後，姚副主教才奉總主教之命，正式接任耕莘院長的院長職位。

　　剛開始在代理院長的階段，由於姚副主教是聖心的創辦人，所以工作還是以聖心為主。在耕莘醫院的工作時間則是一個禮拜三個半天，但到院時間並不一定。一開始他會從基隆坐火車再轉汽車到醫院來，路途真的很辛苦。後來正式擔任院長之後，由於院務也較為繁忙，他幾乎每天都會來，於是就自己花錢買車又請司機。而且姚副主教在院長任內並沒有支領院長職務的薪水，還自己貼錢支付司機的薪資，如果姚副主教到院內處理院務時，這名駕駛就算在醫院總務室的編制之下，會協助總務室的庶務工作。

　　姚副主教一直很謙虛地說他對醫療是個門外漢，當時陸幼琴修女剛從美國回來擔任耕莘醫院的副院長。於是在醫療專業的部分便充分授權給副院長與醫務主任處理，有事就重點向他報告就行，而姚副主教自己就主要負責醫院內的財務與行政的管理。

　　擔任院長之後，姚副主教了解醫院之間的競爭激烈，為了與同行競爭必須加強醫師的陣容以及更新醫院的醫療設備儀器，而且醫院的房舍外觀也得要跟得上潮流，至少視覺上的光線和美感都要有，才能夠吸引病人前來就診，所以他到任之後實行了很多新的措施。例如，他到院的前一年，醫院員工的年終獎金還只有三千元，姚副主教來了以後，年終獎金調整成大約就是一個月的薪資，提高了員工福利與調整待遇，讓醫院員工的薪資至少不會與外面其他醫院的行情落差太多以致於難覓人才。另一方面，為了維持醫療品質，也鼓勵耕莘醫院要找很好的醫生前來駐診以及添購先進的醫療儀器設備。現在我們院區內有一塊地原本政府是規劃為市場預定地，但姚副主教認為新店地區已經有那麼多的市場，不缺一塊市場預定地，但是缺一所有規模的醫院。於是動用了他的人脈，像是請有適當關係的學生家長幫忙向政府爭取，把那塊地變成了醫療用地，讓我們醫院的地才變成是完整的一個院區。姚副主教儘管只

在耕莘醫院待了四年，但醫院的待遇、人事和設備都有了很多的改變。

　　以人事制度來說，姚副主教也修訂了耕莘醫院人事管理的制度。最初耕莘醫院並沒有退休制度，當時院內有位主管已經將近七十歲高齡尚未退休，於是姚副主教便與他講好，兩人七十歲時一起退休，自己不坐院長這個位置，也讓這位主管要去找接班人選，順利建立起醫院的退休制度。也是從這個時候開始，姚副主教建議醫院應該把人事管理的制度建立起來，當時人事管理方面還未適用於政府的勞基法來管理，等到勞基法正式上路後，醫院才以政府的勞基法內容作為人事管理制度的準則。

　　姚副主教來到耕莘醫院當院長的時候，他沒有用過任何一個他的朋友或是親信，他相信我們這些原來的醫院員工。譬如說，姚副主教在蓋醫院一棟新大樓時，因為另外找人監工要再多花錢，為了節省經費，他便與我們醫院的總務室主任一起負責起監工的工作。所以姚副主教他自己也會下去監工，我們的總務主任也跟著他一起去看，還會自己購買建築材料。總之，他很相信我們的工務團隊以及總務團隊。

　　對於當時耕莘醫院外籍顧問的聘用，姚副主教也是保持尊重醫療專業的態度，聽從院內醫師和修女的建議來聘請，所以我們會有一些外籍

顧問。但要徹底解決院內醫師不足的問題，最主要的辦法還是自己成立一所醫學院，自己培植人才。如果我們院內能夠培植醫師，薪水待遇能夠提高一點，並且邀請國內的醫療菁英到我們醫院來駐診的話，就可以吸引其他好的醫生一起過來，只要建立起這樣的醫療團隊，不管是醫師或病人，大家都會願意來耕莘醫院來。

　　姚副主教從中國大陸來到臺灣時，幾乎是白手起家建立起教會的事業，但他總是說：「有天主在照顧他。」在理財方面，姚副主教非常忠於自己的工作，他覺得學校的錢就是學校的錢，不能把學校的錢挪到別的地方去用。耕莘醫院前院長袁君秀神父與姚副主教任內所蓋的大樓，也沒有特別到外面募款，因為耕莘醫院以前的院長們都相當謹慎理財，所以我們蓋房子時並沒有去跟政府貸款，都是用醫院本身的存款來興建的。這就是我們醫院為什麼到現在都經營得很好，就是前面帶領的人當用則用、當省則省，使得醫院沒有負債，保持正向發展。

二、王秉英女士談姚副主教在醫院的待人接物

　　姚副主教擔任醫院院長時，對所有的員工都很尊重跟親切，他那種對人的尊重態度一直是我們要學習的榜樣。我們有時候碰到聖心的老師

時，學校老師都覺得姚副主教對學校老師比較嚴格，但對醫院員工比較和藹。主要是因為他覺得醫療是專業，這方面他不是很熟悉，而且醫師又是救命的人，護理人員也是很辛苦。

後來姚副主教生病時住在耕莘醫院，護士小姐常需要幫他打針，但因為他的血管很細，很難一次完成，有一點點跑針或失誤，他都不假顏色，總是說：「沒有關係，沒有關係！」因為他可以忍受偶爾有一點瑕疵，更要給護士鼓勵，不要讓她們灰心。這點讓醫院的員工都很感動，不過愈是這樣，同事們反而愈戰戰兢兢的。

姚副主教從院長職務退休後，仍然擔任耕莘醫院董事很長的時間，他在擔任董事期間和醫護人員的互動還是很多。例如每年的護士節、醫師節、醫院忘年會、醫院尾牙以及新年團拜，這五個重大的節日他一定會到。姚副主教常說耕莘醫院是他第二個家，所以他把我們當作是他的家人，只要是護士節或醫師節這些節日到來時，他都會懷著感恩的心情來參加。他每次來也都會送給我們一個很大的紅包，提供給我們摸彩。有一年活動時他生病了，病得很重，也是住在我們醫院。期間剛好遇到我們舉辦忘年會，那一次的忘年會是在我們院區內的大院子搭棚，我還記得那天風大又冷，我們都勸他那天不要過來了，摸彩的禮物送到就

好，但他還是很堅持要下樓參加。修女們陪他從病房到會場，每個人看到他坐在掛著點滴的輪椅上向大家揮手，那個場面真是令人感動。姚副主教覺得只要他生命存在的一天，他的體力夠的話，就一定要參加我們的活動。

　　在他大年初九過生日時，有些老部屬會相約在新年期間去向他拜年並賀壽。姚副主教也會在大家一起去看他時，邀大家一起用餐，那種氣氛真的很好。每次臨別時候，姚副主教都會依依不捨地說：「那你們每年都要來喔！」所以後來我們也就每年都去。其實他擔任院長的時候，大家對他感覺還有點距離，我們過年的時候不會主動到長官家去拜年，但是他退休以後成為醫院的老院長，沒有了利害關係，大家反而與他更親近一些。所以我們從他退休之後，每一年到他生日時就來拜年。剛開始我們說要請他吃飯，他都堅持由他請客，結果起初是兩、三桌，後來變成四、五桌，人愈來愈多。姚副主教也很高興大家去看他，藉機請大家吃飯當成是感恩大家以前對他的好。

　　有一次下班以後，他在醫院各處巡視。在巡視病房途中，在加護病房門口看到一對年紀很小的小姊弟，兩個人坐在門口很無助，姚副主教詢問他們怎麼坐在這邊？他們說媽媽在裡面加護病房。問他們吃飯了

沒？他們一說還沒，姚副主教馬上就拿錢給他們，讓他們趕快去吃飯，回來的時候他還一面講，一面快流淚了。他總是這樣無私、真誠地用愛心去幫助需要幫助的人。

三、戴愛仁修女談姚副主教生病住院時的情形

姚副主教跟我們耶穌聖心會的修女很熟識，陸幼琴修女來到耕莘時有三位修女與她同來，姚副主教對她們也很照顧，當時我們都不知道他是院長，以為他只是院內的神父。而且他很疼愛我們，常擔心我們修女沒有飯吃，過年也常買許多東西給我們，即使告訴他，我們都有東西可以吃，他仍然怕我們受苦而常常買東西來探望我們。

在姚副主教生病期間由我來照顧他時，他那個時候是胃癌住院。由於他胃癌開刀後有副作用，又再開了第二次。當時姚副主教愈來愈瘦，原以為他沒有辦法活下去了，也交代聖心校長之後校務的安排。但誰知道在醫院住了幾個月之後身體居然就恢復了，病癒之後，他還讓我跟施校長、黃金晟神父還有他的外傭都一起陪他回去中國大陸的家鄉，那次去了五天。

那次回去，其中有三天回到他的家鄉，除了探望家人外，便是為

了幫助他的家鄉教友們做彌撒還有聽告解。之前他有捐了一筆錢在故鄉
蓋教堂，我們去的時候已經蓋好了，並且送給當地的教區，但由於當地
的政府機關當時都知道他回鄉的消息，於是並沒有在那座教堂裡面做彌
撒，而是等到晚上時，才在他哥哥的家中做彌撒。他哥哥的家裡二樓還
有聖堂，但當時因為人數較多，所以他們是在比較寬廣的一樓做彌撒。
到了第二天有很多神父一起過來，一開始我嚇到了，還以為是中共政府
派人要來抓我們，後來他們和姚副主教及黃金晟神父共祭彌撒之後就離
開了。黃神父陪姚副主教回中國大陸不只一次，是因為姚副主教後來重
聽，由黃神父幫他聽告解和做彌撒。

　　姚副主教生前曾患過三個癌症，第一次是淋巴癌，第二次是攝護腺
癌，最後是胃癌。他患攝護腺癌時我也在他身邊照顧他，但病情比較輕
微，開完刀後並沒有擴散。後來的胃癌比較嚴重，切除被癌細胞感染的
部分後只剩下四分之一的胃，所以之後就沒有辦法吃很多的食物，吃多
了胃就會不舒服。姚副主教得淋巴癌有兩年多的時間，胃癌則是沒有多
久就恢復了，但姚副主教最後是肺炎過世。

四、王秉英女士談耕莘醫院的天主教精神落實

耕莘醫院早期有很多的神父跟修女們在各部門工作，除了院長外，像是醫師、護士、藥局、採購部門都有，這些神職人員都不支領薪水，每個月固定只有三千元的零花錢，並且由醫院提供三餐，如果是住較遠的人醫院就提供宿舍。在院內，有些修女們如果覺得某個地方很髒，自己脫了鞋子就去掃地拖地了，也會去洗廁所，什麼都做，修女們便用這種精神引領其他院內員工跟她們一起工作。後來姚副主教擔任院長時，讓神父與修女們的薪資回到正軌，但他本人不支薪，各人依工作性質與職級標準領薪，再依各修會的規定來支配薪水，所以他來了以後就把院內神職人員的薪水制度建立起來。

大多數的人都感受到耕莘每位員工都很有愛心，那是因為每任的院長包括神父或是修女做院長的時候，他們都特別注意這件事情。我們醫院有個牧靈部，我記得牧靈部的人員有出缺的時候，我們就問到底部門的編制多少？在狄總主教當我們醫院的董事長時，那時候他特別注重這個部分，每個部門都有一定的編制，唯有牧靈部是沒有固定編制的，都是依實際需求而編制。而我們牧靈部每個人都有負責的責任區，哪一層

樓的病人是他關懷的，哪一單位的員工是他關懷的，他就會定期的到那個單位去關懷病人或員工，順便把天主教的理念介紹給他們認識。我們關懷員工、關懷病人，除此之外，也關懷病人和員工的家人，所以有事情發生的時候，很多得到關懷的人在親身體驗到這種關懷以後，我們會希望他們把這樣的精神再回饋到別人身上，才會讓天主教的關懷精神散播開來。

　　以前新店的慈濟醫院剛成立的時候，因為院區房舍很漂亮又標榜著慈濟的精神，那時把我們醫院的業績打垮了百分之二十到三十。可是長官們都跟我們說：「不要怕，我們就堅持我們天主教的精神。」我們很快在第二年就慢慢恢復了，所以大家還是喜歡我們天主教友愛的精神。

五、戴愛仁修女談輔仁大學醫學院與耕莘醫院的關係

　　姚副主教到耕莘醫院以後，當時在臺灣的大部分醫院都普遍難找到醫師，很多醫師都是從國外回來的。姚副主教當時就在想，既然那時候這麼缺醫師，為什麼天主教不結合起來辦一個醫學院，這樣醫學院的學生畢業後就可以到天主教的所屬醫院去服務，把天主教醫學倫理的理念推展出去，讓我們的醫師養成有別於其他醫學院的學生。所以他、陸幼

琴修女和鄧世雄院長，一起從北到南去臺灣各地的天主教醫院，並且跟每間醫院的院長溝通這樣的想法。

　　最初輔大對於成立醫學院這件事其實有些猶豫，第一是設立的經費龐大，第二是設立醫學院以後要有所謂的附設醫院，所以姚副主教當時一直跟羅光總主教溝通，慢慢讓他們了解在天主教學校內成立醫學院的必要性，最後他們也同意了這個想法。可是經費部分真的有困難，所以姚副主教就在這方面幫忙想辦法處理，為此，姚副主教還把自己以前在高雄買下的一塊土地賣出，來資助輔大成立醫學院。

　　之後，輔仁大學醫學院學生的實習幾乎都在耕莘醫院。使得輔仁大學醫學院和耕莘醫院的關係非常密切，這也是姚副主教積極推動的結果。目前臺灣的天主教醫院中，以耕莘醫院的規模最大，為了提供給學生更多的服務，讓學生學習得更多，自然會以耕莘醫院作為學生的實習醫院。另一方面，因為輔仁大學醫學院要找醫師去擔任教職工作，而到我們醫院來的醫師也會需要從事教學工作的經歷。因此，可以藉此聘請院內的醫師到輔仁大學去教書，這樣也提升了這些醫師在學術研究與教學實務上的地位，以自己在醫院的臨床經驗與這些學生教學相長，能夠更有收穫。

　　為此，我們醫院提供了實習場所以及教學研究的地方。因為輔仁大學醫學院是採用PBL教學法（以問題為導向的教學方式），這是輔仁大學醫學院的特色，全臺灣的醫學院只有輔仁大學是全部採用PBL進行教學，其他學校的醫學院只是部分採用而已。採用PBL的方式，讓學生自己去查資料然後向指導老師報告，老師再聽學生講解是否正確。相較過去傳統醫學院的教學方式，這樣的方式可以訓練學生的口語表達能力，讓學生成為醫師以後，比較能清楚的向病患解釋病情，增進醫病之間的溝通能力。這套教學方式，當時主要是陸幼琴修女和鄒國英醫師從加拿大引進到臺灣的。

六、王秉英女士對姚副主教的個人印象

　　以一位神職人員而言，姚副主教對教會是完全服從的，也很服從歷任主教。像是狄剛總主教的年紀比姚副主教小，但聖職位階比姚副主教大，所以姚副主教在許多方面會特別尊重狄總主教，優先禮讓狄總主教，他說什麼姚副主教就做什麼，不會說他不想做就不去做，就是尊重。他讓狄總主教住在聖心的神父宿舍，還買輛車子僱了司機供狄總主教使用，都是為了禮遇榮退總主教而做的。

　　對於教會的命令也是一貫地服從，他一直強調他剛來臺灣的時候，教會捐了一百塊錢美金給他，後來他用這筆錢把學校弄得這麼好，也是天主給他的。所以他一直跟我們講，他身後不會給他的家人留遺產，他的一切都是屬於教會的。我們聽了真的很感動，他的家人也完全尊重他的決定，所有遺產捐給教會也都沒有二話，全力支持他對教會的奉獻。另外，姚副主教對於教會的兄弟和以前寧波的同學，都對他們非常地照顧，甚至臺北有些神父如果有需要，他也都會照顧到。每次過年過節，如果這些退休神父沒有地方去，姚副主教就邀請他們一起到學校來，讓大家聚在一起，讓春節成為他們很期待的一個時光，因為大家可以相聚在一起。有位羅馬的神父說，現在姚副主教走了，這些人有的也凋零了，但他們真的很懷念那段姚副主教在的時間。

　　在照顧姚副主教的時候，能感受到他將這一輩子都奉獻給天主跟聖母瑪利亞。對他來說，彌撒跟每天唸玫瑰經很重要，生病當中也是每天都到聖堂默默地祈禱，信仰真的很深。他好像可以接受一具肉體沒有辦法再繼續做更多的事情；他可以接受自己老了；他可以接受身體愈來愈差；然後也可以接受天主隨時接他離開。所以生病期間即使痛苦也不曾抱怨，忍耐力很強，他也擔心別人為了照顧他而沒有睡覺，怕麻煩別

人，所以他總是苦自己但又不以為苦。

　　他常講的一句話就是：「我所做的一切都是為光榮天主而做的」，所以這句話我們也銘記在心。今天我在耕莘醫院工作，只要盡到我的本分，讓人家知道我是一個天主教的教友，我所做的就是承襲姚副主教的精神。姚副主教生病時幾乎把所有掛名的董事都辭掉了，但保留了耕莘醫院的董事。另外當時考量到聖心的將來，也保留了輔大的董事職務。

七、對聖心高中的祝福

　　記得我們以前到學校的時候，學生們只要看到我們跟姚副主教走在一起，就是：「神父爺爺好」，再馬上加一句：「客人好」。所以我們都覺得聖心培養出來的學生，除了品學兼優以外，氣質也很好，這是我們一直覺得天主教會學校培養出來的孩子，相較於普通學校的孩子不一樣的地方。姚副主教曾說，他以前在學校的時候，只要是放學他就會站在校門口，這點和他在耕莘醫院與同仁們打成一片的氣氛很不相同。

　　認識姚副主教的時候便知道他很愛這所學校，謝謝大家的努力，把學校弄得那麼好。也希望能夠把姚副主教所期盼的願望繼續實踐下去，

讓學校變成一個更好的天主教學校。謝謝大家的努力，希望姚副主教在天上看著我們，保佑我們。

我們也很慶幸聖心有這樣一位創辦人，把這麼好的校風保持下去，在基隆地區甚至於臺北都很有名氣，常常有教友的小孩都想進這間學校就讀。我們也希望聖心往後能夠在輔仁大學的帶領之下，把姚副主教的精神接續下去，我們祝福聖心能夠永永遠遠地繼續下去。

姚宗鑑神父與聖心中、小學
大事紀要

（民國7年至101年）

整理：楊善堯

年代	大事紀要
7（1918）	1月24日，姚宗鑑神父出生於浙江省樂清縣。
33（1944）	姚宗鑑晉鐸。
38（1949）	調任江南錢庫本堂擔任本堂神父。
41（1952）	因中國大陸時局動亂，姚宗鑑神父離開本堂。先前往洞頭小島，後經由南麂島轉往大陳島避難，在大陳島滯留將近一年。
42（1953）	姚宗鑑神父在嘉義教區牛會卿主教的協助下，請時任教廷駐華公使的黎培理總主教致函外交部，准予姚神父來臺。抵臺時，前往迎接的梅冬祺神父見其衣衫單薄，遂將隨身大衣贈與姚神父。
43（1954）	奉郭若石總主教之命，調任至基隆信一路天主堂，協助主徒會邊彤漢神父進行傳教工作。
45（1956）	奉派至基隆市安樂區傳教，教堂建於安樂區西定河旁的雲源巷（今安一路100巷），郭若石總主教以新臺幣七萬元購買二樓民房一棟作為堂址，佔地二十五坪，一樓作為講道理及住宿之用，二樓為聖堂。
46（1957）	在雲源巷天主堂道理廳，試辦迷你幼稚園。

年代	大事紀要
50（1961）	姚宗鑑神父鑒於基隆當時較缺乏幼童教育資源，故邀請當地熱心教育人士參與籌劃，經基隆市政府以基府教國字第二二九三三號函核准立案後，於安樂區雲源巷開辦聖心幼稚園，院址設於本堂道理廳，白天作為幼稚園上課之用，晚上為望教友講道理之用，並於隔年開始招生。開辦初期，園內僅有大、小兩班，幼童十五人，專任師資廖素琴、嚴阿招兩名教師。
52（1963）	由於聖心堂教友人數大增，由開教初期僅三十多人增至三百多人，原教堂已不敷使用。姚宗鑑神父在臺北教區、溫州、寧坡等同鄉的幫助下，取得原為軍用禁建土地的西定路現址，興建教堂主建物及後方兩層樓房各一棟。10月新堂落成祝聖後，教堂由原西定河旁雲源巷遷至西定路現址，聖心幼稚園亦隨遷往西定路166號聖堂後側樓房，一樓為幼稚園，二樓為神父宿舍。由於幼稚園園址環境良好，加上日後幼稚園在聖神婢女會修女們對於園務的協助之下，入園學童漸增至百人。
53（1964）	在錢志純神父的介紹，以及時任聖神婢女會院長沈恩愷修女的同意下，該會張茂貞、孫炳善、彭志義等修女為首批至聖心天主堂服務的修女，協助傳教工作。
53（1964）	聖心校園內開始興建修女院，於隔年完工。

年代	大事紀要
54（1965）	姚宗鑑神父向基隆市政府申請設立聖心小學，同年8月28日，以基府國教字第三二四七八號函核准立案，由朱翰元先生接任第一任校長（民國54-55年）。9月初，招收小學生兩班，教室暫用幼稚園二樓神父宿舍，由彭志義修女負責管理。同學年朱校長轉任他職，小學校長一職由狄剛神父暫代。
54（1965）	12月底，開始興建小學四層教學大樓，隔年完工啓用。
54（1965）	12月，興建聖家樓。
55（1966）	8月，姚宗鑑神父接任聖心小學第二任校長（民國55-68年）。
56（1967）	張淑賢修女至基隆聖心服務，直至民國90年離開，前後約計34年。
57（1968）	姚宗鑑神父為籌辦聖心工商，先後向國有財產局、基隆市政府及私人購買土地，開始建構校舍（現電工大樓）。
57（1968）	興建若瑟樓。
58（1969）	臺灣省政府教育廳以教三字第五九二六四號函准「私立聖心高級工商職業學校」（簡稱聖心工商）立案。
60（1971）	聖心工商第一屆董事會成立，董事長為毛振翔，董事為錢志純、姚宗鑑、方豪、狄剛、邊彤麟、陳瑋直、甯公介、馮家駒。

年代	大事紀要
60（1971）	聖心工商開始招收機械、電機、商業三科各一班，由姚宗鑑神父接任聖心工商第一任校長（民國58-79年）。
61（1972）	聖心工商申請設立附設補校獲准，於同年開始招收機械、電機、商科各一班。往後逐年陸續增設會統科、國貿科、電子科、汽車科、資訊科、資料處理科、廣告設計科、餐飲管理科等。
63（1974）	西德MISEREOR機構派遣具有工程專業的易幕道（Mr. Jmohl）修士來臺，進駐聖心擔任機械工廠教師，指導學生實習，歷時三年。
63（1974）	興建女生大樓。
64（1975）	2月，雷華修女至基隆聖心服務。
64（1975）	興建山上大型機械工廠。
64（1975）	蔣中正總統逝世，聖心工商、小學、幼稚園等師生合資在校園內興建蔣公銅像一座，以茲紀念。
64（1975）	開始進行基隆市南榮路五甲林地的開山整地、鋪設道路、水溝等工程設施，並在該處建有部分地下工程，以備設立工業專科學校之用。但後續向主管機關申請專科學校立案時，政府以未開放私立學校設置專科學校為由拒絕申請，工程亦停止進行。

年代	大事紀要
65（1976）	賀紹欽神父前來聖心本堂協助傳教工作，並兼任聖心會計主任一職。
65（1976）	任若芙修女至基隆聖心服務。
65（1976）	聖心工商第二屆董事會成立，董事長為毛振翔，董事為錢志純、方豪、邊彤麟、賀紹欽、王任光、黃國勝、林淑祺、甯公介、吳宗文、呂漁亭。
67（1978）	姚宗鑑神父經由臺北總主教區羅光總主教推薦，經教宗保祿六世於民國67年核准，晉升為蒙席，由于斌樞機頒發蒙席證書。
68（1979）	將原機械工廠擴建為四層建築。
68（1979）	8月，張淑賢修女接任聖心小學第三任校長（民國68-85年）。
68（1979）	聖心工商第三屆董事會成立，董事長為毛振翔，董事為錢志純、吳宗文、邊彤麟、呂漁亭、王任光、黃國勝、林淑祺、甯公介。
69（1980）	開始興建商科教學大樓。
69（1980）	興建孝親樓。
69（1980）	姚宗鑑神父在時任臺北總教區賈彥文總主教的邀請下，出任臺北總教區副主教兼經濟委員會主任委員。

年代	大事紀要
71（1982）	商科教學大樓完工啓用。
71（1982）	聖心工商第四屆董事會成立，董事長為毛振翔，董事為錢志純、呂漁亭、吳宗文、王任光、黃國勝、邊彤麟、林淑祺、甯公介、王金成、林顯章。
74（1985）	在姚宗鑑神父多年奔走之下，終於向軍方購得校門右側之兩千坪土地。
74（1985）	原耕莘醫院院長袁君秀神父病重，在賈彥文總主教的任命下，由姚宗鑑神父接任耕莘醫院第四任院長一職（民國74年10月22日起代理，民國75年4月至79年1月1日為正式院長任期）。
75（1986）	聖心工商第五屆董事會成立，董事長為毛振翔，董事為錢志純、呂漁亭、吳宗文、王任光、黃國勝、邊彤麟、林淑祺、甯公介、王金成、林顯章。
76（1987）	校門右側約兩千坪原陸軍營地，由簡寬裕建築師設計，耗資新臺幣兩億元，於民國76年舉行破土典禮。此地規劃設計為地面興建六層教學大樓，地下興建可容納三千五百人的學生活動中心，並於民國80年底完工後啓用。
77（1988）	陳惠姬修女至基隆聖心服務。

年代	大事紀要
79（1990）	1月，姚宗鑑神父因擔任學校校長及耕莘醫院院長等職務，積勞成疾，經耕莘醫院醫師檢查後，確定罹患淋巴腺癌。逐辭去耕莘醫院院長一職，由副院長陸幼琴修女接任院長。
79（1990）	4月，成立聖心校務督導委員會，督導範圍包含工商、小學、幼稚園。委員會成員由姚宗鑑神父、賀紹欽神父、施宜材先生、張淑賢修女、任若芙修女、丁仁江先生、謝雲璈先生等七人出任，姚宗鑑神父擔任主任委員、謝雲璈先生兼任秘書，有關聖心轄下三所學校之各項重大事務，由該委員會督導決策之。
79（1990）	10月，姚宗鑑神父在丁仁江先生的陪同下，首次返鄉探親。
79（1990）	姚宗鑑神父因歷年工作勞頓，身感不適，逐卸下聖心工商校長一職，由原工商教務主任施宜材先生接任校長，為聖心工商第二任校長（民國79-92年）。
79（1990）	臺灣省政府教育廳以教三字第05349號函，核准聖心工商增設高中普通科，同年校名更名為「臺灣省基隆市私立聖心高級中學」（含工商職業類科）。
80（1991）	聖心幼稚園從聖心天主堂後棟建築移至新落成的聖心樓。
80（1991）	屏東萬金聖母聖殿聖母展開環島巡禮，鑾駕巡禮基隆市區，並蒞臨聖心堂及聖心中學。

年代	大事紀要
80（1991）	12月7日，姚宗鑑神父獲輔仁大學頒授名譽法學博士學位。
84（1995）	基隆市政府核准聖心中學附設國中部，聖心成為基隆地區唯一一所從幼教、初等教育、中等教育四種學制完備的學校。
85（1996）	8月，許秀悅女士接任聖心國民小學第四任校長（民國85-89年）。
89（2000）	8月，麥宏源先生接任聖心國民小學第五任校長（民國89-93年）。
89（2000）	聖心校園內玫瑰聖母園完工。
90（2001）	實施九年一貫課程，同年增設雙語班兩班，發展學校特色。
90（2001）	在聖心服務多年的聖神婢女會修女們結束在聖心的服務，離開聖心。
92（2003）	池昜釧先生接任聖心高級中學第三任校長（民國92-98年）。
93（2004）	8月，李慧純女士接任聖心國民小學第六任校長（民國93-97年）。
94（2005）	12月8日，天主教輔仁大學新醫院學大樓舉辦姚宗鑑蒙席銅像揭幕典禮。
95（2006）	11月，原修女院建築改建為校園美語村。
95（2006）	姚宗鑑神父罹患胃癌，切除三分之二的胃。

年代	大事紀要
97（2008）	6月20日，池易釧校長致全校師生家長《給聖心中學家長的一封信》，說明與輔仁大學商討合併一事。
97（2008）	8月，邱月香女士接任聖心國民小學第七任校長（民國97-98年）。
98（2009）	魯和鳳女士接任聖心高級中學第四任校長（民國98-102年）。
98（2009）	8月，池易釧先生接任聖心國民小學第八任校長（民國98-102年）。
99（2010）	8月，辦理第一次國際交流，新加坡遊學團。
99（2010）	8月，聖心中、小學董事會與輔仁大學董事會簽約合併，輔仁大學、聖心中學、聖心小學三方原董事會解散，籌組「輔仁聖心董事會」。
100（2011）	3月，校園美語村二度整修，完工後更名為聖心美語中心。
101（2012）	5月28日，教育部以臺高（四）字第1010096457號函正式核准輔仁大學與聖心之合併案。
101（2012）	8月，基隆聖心中、小學與輔仁大學正式合併，成為輔仁大學附屬學校。原聖心中學更名為「輔大聖心高級中學」，小學更名為「輔大聖心國民小學」。聖心幼兒園則自小學部分離成為獨立學校法人。

年代	大事紀要
101（2012）	10月16日，姚宗鑑神父因身體不適，送往耕莘醫院治療，數日後病情逐漸惡化。
101（2012）	10月24日，聖心學校創辦人姚宗鑑神父因肺炎導致呼吸道衰竭，於下午7時43分在新店耕莘醫院蒙主恩召，享年94歲。
101（2012）	11月2日，姚宗鑑蒙席紀念館成立。
101（2012）	11月3日，臺北總主教座堂舉行姚宗鑑蒙席殯葬彌撒暨告別禮。
101（2012）	12月1日，聖心中、小學舉辦姚宗鑑神父追思彌撒及紀念會。

姚宗鑑神父與聖心訪談錄

訪　　問　楊如晶、楊善堯
記　　錄　宋欣恬、莊尉伶、劉潔琪、劉青蘋
整　　理　楊善堯

策　　劃　喆閎人文工作室
　　　　　地址：新北市新莊區中華路一段100號10樓
　　　　　電話：+886-2-2277-0675
執行編輯　楊善堯
封面設計　曾泰翔
校　　對　莊尉伶、陳育諄、張秀玫、魯和鳳、龐中柱

出 版 人　楊如晶
出 版 所　輔仁大學學校財團法人基隆市輔大聖心高級中學
　　　　　地址：基隆市中山區西定路166號
　　　　　電話：+886-2-2428-2454

排版印製　秀威資訊科技股份有限公司
　　　　　114 臺北市內湖區瑞光路76巷69號2樓
　　　　　電話：+886-2-2796-3638
　　　　　傳真：+886-2-2796-1377

出版日期：2018年7月
定　　價：300元

國家圖書館出版品預行編目

姚宗鑑神父與聖心訪談錄 / 楊如晶, 楊善堯訪
　問；宋欣恬等記錄；喆閎人文工作室策劃.
　-- 初版. -- 基隆市：基市輔大聖心高中,
　2018.07
　　面；　公分
　ISBN 978-986-96676-0-9(精裝)

　1. 輔仁大學學校財團法人基隆市輔大聖心
高級中學　2. 訪談

524.833/105　　　　　　　　107010222